OS TESTAMENTOS TRAÍDOS

MILAN KUNDERA

OS TESTAMENTOS TRAÍDOS

ENSAIOS

Tradução
TERESA BULHÕES CARVALHO DA FONSECA
MARIA LUIZA NEWLANDS SILVEIRA

COMPANHIA DAS LETRAS

Copyright © 1993 by Milan Kundera
Todos os direitos reservados.

Cet ouvrage, publié dans le cadre du Programme d'Aide à la Publication 2015 Carlos Drummond de Andrade de l'Institut Français du Brésil, bénéficie du soutien du Ministère des Affaires Étrangères et du Développement International.

Este livro, publicado no âmbito do Programa de Apoio à Publicação 2015 Carlos Drummond de Andrade do Instituto Francês do Brasil, contou com o apoio do Ministério Francês das Relações Exteriores e do Desenvolvimento Internacional.

Grafia atualizada segundo o Acordo Ortográfico da Língua Portuguesa de 1990, que entrou em vigor no Brasil em 2009.

Título original
Les Testaments trahis

Capa
Alceu Chiesorin Nunes

Ilustração de capa
Dominique Corbasson I/ www.kokoartagency.com

Preparação
Andressa Bezerra Corrêa

Revisão
Clara Diament
Carmen T. S. Costa

Dados Internacionais de Catalogação na Publicação (CIP)
(Câmara Brasileira do Livro, SP, Brasil)

> Kundera, Milan
> Os testamentos traídos : ensaios / Milan Kundera ; tradução Teresa Bulhões Carvalho da Fonseca, Maria Luiza Newlands Silveira. — 1ª ed. — São Paulo : Companhia das Letras, 2017.
>
> Título original: Les Testaments trahis.
> ISBN 978-85-359-2941-6
>
> 1. Ensaios 2. Ficção - Técnica 3. Ficção - História e crítica I. Título.

14-05085   CDD-809.3

Índice para catálogo sistemático:
1. Ficção : História e crítica   809.3

[2017]
Todos os direitos desta edição reservados à
EDITORA SCHWARCZ S.A.
Rua Bandeira Paulista, 702, cj. 32
04532-002 — São Paulo — SP
Telefone: (11) 3707-3500
www.companhiadasletras.com.br
www.blogdacompanhia.com.br
facebook.com/companhiadasletras
instagram.com/companhiadasletras
twitter.com/cialetras

Sumário

PRIMEIRA PARTE: O dia em que Panurge não
mais fará rir.............. 7

SEGUNDA PARTE: A sombra castradora do
Santo Garta.............. 41

TERCEIRA PARTE: Improviso em homenagem
a Stravínski.............. 61

QUARTA PARTE: Uma frase................ 105

QUINTA PARTE: À procura do presente perdido.. 127

SEXTA PARTE: Sobre obras e sobre aranhas..... 155

SÉTIMA PARTE: O mal-amado da família....... 187

OITAVA PARTE: Os caminhos no nevoeiro...... 207

NONA PARTE: Nisso, meu caro, você não manda. 251

Sobre o autor.......................... 293

PRIMEIRA PARTE

O dia em que Panurge não mais fará rir

A INVENÇÃO DO HUMOR

Madame Grandgousier, grávida, comeu muita tripa, tanta que tiveram que lhe dar um purgante; este era tão forte que os lobos placentários se soltaram, o feto Gargântua deslizou por uma veia, subiu e saiu pela orelha de sua mamãe. Desde as primeiras frases, o livro mostra as cartas: o que se conta nele não é sério: quer dizer: nele não se afirmam verdades (científicas ou míticas); nele não existe compromisso de fazer uma descrição dos fatos tais quais eles são na realidade.

Felizes os tempos de Rabelais: a borboleta do romance voa levando em seu corpo os restos da crisálida. Pantagruel, com sua aparência de gigante, pertence ainda ao passado dos contos fantásticos, enquanto Panurge chega do futuro, até então desconhecido, do romance. O momento excepcional do nascimento de uma nova arte dá ao livro de Rabelais uma riqueza inacreditável; tudo está ali: o verossímil e o inverossímil, a alegoria, a sátira, os gigantes e os homens normais, as anedotas, as meditações, as viagens reais e fantásticas, as controvérsias eruditas, as digressões de puro virtuosismo verbal. O romancista de hoje, herdeiro do século XIX, experimenta uma nostálgica inveja desse universo extraordinariamente heteróclito dos primeiros romancistas e da alegre liberdade com a qual o habitavam.

Assim como Rabelais nas primeiras páginas de seu livro faz Gargântua cair no palco do mundo pela orelha de sua mamãe, da mesma forma, em *Os versos satânicos*, depois da explosão de um avião no ar, os dois heróis de Salman Rushdie despencam conversando, cantando, e comportam-se de uma maneira cômica e absurda. Enquanto "acima, atrás, abaixo deles, no vazio" flutuavam poltronas de encosto reclinável, copos de papel, máscaras de oxigênio e passageiros, um deles, Gibreel Farishta, nadava "no ar, borboleta, de peito, se enrolava numa bola, abria braços e pernas no quase infinito do quase alvorecer", e o outro, Saladin Chamcha, como "uma sombra meticulosa caindo de cabeça, o terno cinzento com todos os botões do paletó abotoados, braços colados ao corpo, confiante na improbabilidade do chapéu-coco na cabeça".* É com esta cena que o romance começa, pois, como Rabelais, Rushdie sabe que o contrato entre o romancista e o leitor deve ser estabelecido desde o começo; é preciso que fique claro: o que se conta aqui não é sério, mesmo que se trate de coisas das mais terríveis.

O casamento do sério e do terrível: eis uma cena do *Quarto livro*: o barco de Pantagruel encontra em alto-mar um navio com uns mercadores de carneiros;

---

* Tradução de Misael Dursan (São Paulo: Companhia das Letras, 2008). (N. E.)

um mercador, vendo Panurge com as calças desabotoadas, com os óculos presos no chapéu, sente-se autorizado a bancar o engraçadinho e chama-o de chifrudo. Panurge logo se vinga: compra dele um carneiro que joga no mar; habituados a seguir o primeiro, todos os outros carneiros começam a pular na água. Os mercadores se afobam, agarrando-lhes o pelo ou os chifres, sendo arrastados eles também para o mar. Panurge segura um remo na mão, não para salvá-los, mas para impedi-los de subir no navio; tenta convencê-los com eloquência, demonstrando-lhes as misérias deste mundo, o bem e a felicidade da outra vida, e afirmando que os falecidos são mais felizes que os vivos. Entretanto, faz votos, caso não lhes desagrade continuar vivendo entre os humanos, que encontrem uma baleia qualquer, a exemplo de Jonas. Uma vez encerrado o afogamento, o bom frei João felicita Panurge e repreende-o apenas por ter pagado o mercador e assim desperdiçado dinheiro inutilmente. E Panurge: "Pelo amor de Deus, minha diversão valeu mais do que cinquenta mil francos!".

A cena é irreal, impossível; teria ao menos uma moral? Estaria Rabelais denunciando a mesquinharia dos mercadores cuja punição nos agrada? ou quer ele que nos indignemos com a crueldade de Panurge? ou estaria ele caçoando, como bom anticlerical, da tolice dos clichês religiosos proferidos por Panurge? Adivinhem! Cada resposta é uma armadilha para os bobos.

Octavio Paz: "Nem Homero nem Virgílio conheceram o humor; Ariosto parece pressenti-lo, mas o humor só toma forma com Cervantes. [...] O humor", continua Paz, "é a grande invenção do espírito moderno". Ideia fundamental: o humor não é uma prática imemorial do homem; é uma *invenção* ligada ao nascimento do romance. O humor, então, não é o riso, a caçoada, a sátira, mas um tipo especial de comicidade que, segundo Paz (e é a chave para compreender a essência do humor), "torna ambíguo tudo que atinge". Aqueles que não conseguem sentir prazer com a cena em que Panurge deixa os mercadores de carneiros se afogarem, ao mesmo tempo que faz o elogio da outra vida, nunca compreenderão nada sobre a arte do romance.

O TERRITÓRIO EM QUE O JULGAMENTO MORAL FICA SUSPENSO

Se alguém me perguntasse qual é a causa mais frequente dos mal-entendidos entre mim e meus leitores, eu não hesitaria: o humor. Estava há pouco tempo na França e sentia tudo, menos desânimo. Fiquei muito lisonjeado quando um grande professor de medicina quis me ver porque gostara da *Valsa dos adeuses*. Segundo ele, meu romance era profético; com o personagem do doutor Skreta que, numa estação de águas, trata de mulheres aparentemente estéreis injetando-lhes secretamente seu próprio esperma com a ajuda de uma seringa especial, eu havia abordado o grande problema do futuro. Convidou-me para um colóquio dedicado à inseminação artificial. Tirou do bolso uma folha de papel e leu para mim o rascunho do seu ponto de vista. A doação do esperma deveria ser anônima, gratuita e (nesse momento, olhou bem nos meus olhos) motivada por um amor tríplice: o amor por um óvulo desconhecido que deseja cumprir sua missão; o amor do doador por sua própria individualidade que será prolongada pela doação e, terceiro, o amor por um casal que sofre, irrealizado. Depois, olhou de novo nos meus olhos: apesar de toda sua estima, permitiu-se me criticar: não consegui expressar de modo suficientemente poderoso a beleza moral da doação do sêmen. Defendi-me: o romance é cômico! meu doutor é um fantasista! Não se deve levar tudo tão a sério! "Então", disse ele, desafiador, "seus romances não devem ser levados a sério?" Eu me atrapalhei e, de repente, compreendi: nada é mais difícil do que fazer o humor ser compreendido.

Em O *quarto livro*, há uma tempestade no mar. Todo mundo está no convés tentando salvar o barco. Só Panurge, paralisado pelo medo, geme sem parar: suas belas lamentações estendem-se ao longo de várias páginas. Logo que a tempestade se acalma, sua coragem volta e ele reclama violentamente da preguiça de todos. E eis o que é curioso: esse covarde, esse indolente, esse mentiroso, esse cabotino, não apenas não provoca nenhuma indignação, mas é nesse momento de presunção que gostamos mais dele. É nessas passagens que o livro de Rabelais torna-se plena e radicalmente romance: a saber: *território em que o julgamento moral fica suspenso*.

Suspender o julgamento moral não é a imoralidade do romance, é a sua *moral*. A moral que se opõe à irremovível prática humana de julgar imediatamente, sem parar, a todos, de julgar antecipadamente e sem compreender. Essa fervorosa disponibilidade para julgar é, do ponto de vista da sabedoria do romance, a asneira mais detestável, o mal mais pernicioso. Não que o romancista conteste, no sentido absoluto, a legitimidade do julgamento moral, mas ele o envia para além do romance. Aí, se der vontade, acusem Panurge por sua covardia, acusem Emma Bovary, acusem Rastignac, isso é com vocês; o romancista não pode fazer nada.

A criação do campo imaginário em que o julgamento moral fica suspenso foi uma proeza de imenso valor: somente aí podem desabrochar os personagens romanescos, ou seja, os indivíduos concebidos não em função de uma verdade preexistente, como exemplos do bem ou do mal, ou como representações de leis objetivas que se confrontam, mas como seres autônomos fundamentados em sua própria moral, em suas próprias leis. A sociedade ocidental criou o hábito de se apresentar como a dos direitos do homem; mas antes que um homem possa ter direitos, ele deve constituir-se como indivíduo, considerar-se como tal e ser considerado como tal; isso não poderia ter acontecido sem uma longa prática das artes europeias e especialmente do romance, que ensina o leitor a ter curiosidade pelo outro e a tentar compreender as verdades que diferem das suas. Nesse sentido, Cioran tem razão em chamar a sociedade europeia de "sociedade do romance" e de falar dos europeus como dos "filhos do romance".

PROFANAÇÃO

A desdivinização do mundo (*Entgötterung*) é um dos fenômenos que caracterizam os tempos modernos. A desdivinização não quer dizer ateísmo, mas designa a situação em que o indivíduo, ego que pensa, substitui Deus como fundamento de tudo; o homem pode conservar sua fé, ajoelhar-se na igreja, rezar na cama, sua piedade pertencerá apenas ao seu universo subjetivo. Descrevendo essa situação, Heidegger conclui: "É assim que os deuses acabam desaparecendo. O vazio que resulta disso é preenchido pela exploração histórica e psicológica dos mitos".

Explorar histórica e psicologicamente os mitos, os textos sagrados, quer dizer: torná-los profanos, profaná-los. Profano vem do latim: *profanum*: o lugar em frente ao templo, fora do templo. A profanação é então o deslocamento do sagrado para fora do templo, para a esfera fora da religião. Na medida em que o riso é invisivelmente espalhado na atmosfera do romance, a profanação romanesca é a pior que existe. Pois religião e humor são incompatíveis.

A tetralogia de Thomas Mann, *José e seus irmãos*, escrita entre 1926 e 1942, é por excelência uma "exploração histórica e psicológica" dos textos sagrados que, contados no tom sorridente e sublimemente enfadonho de Mann, de repente não são mais sagrados: Deus, que, na Bíblia, existe por toda a eternidade, torna-se em Mann criação humana, invenção de Abraão, que o tirou do caos politeísta como uma divindade em princípio superior, depois única: sabendo a quem deve sua existência, Deus exclama: "É incrível como este pobre homem me conhece. Não estarei me tornando conhecido através dele? Realmente, devo ungi-lo". Mas sobretudo: Mann assinala que seu romance é uma obra humorística. As Santas Escrituras provocando o riso! Como aquela história de Potifar e José; ela, louca de amor, corta a língua e faz suas propostas sedutoras balbuciando como uma criança, *domecumigo, domecumigo*, enquanto José, o casto, durante três anos, dia após dia, explica pacientemente à balbuciante que estão proibidos de fazer amor. No dia fatal, estão sozinhos em casa; ela insiste mais uma vez, *domecumigo, domecumigo*, e ele, de novo, pacientemente, pedagogicamente, explica as razões pelas quais não se deve fazer amor; mas, durante a explicação, ele fica excitado, fica com tanto tesão, meu Deus, com um tesão tão fantástico que Potifar, ao vê-lo, enlouquece, arranca-lhe a camisa e, quando José foge correndo, sempre tesudo, ela, desatinada, desesperada, desembestada, berra e pede socorro acusando José de estupro.

O romance de Mann despertou um respeito unânime; prova que a partir daí a profanação não era mais vista como ofensa mas fazia parte dos costumes. Nos tempos modernos, a falta de fé deixa de ser afrontosa e provocadora, e por outro lado a fé perde sua certeza missionária ou sua intolerância de outrora. O choque do stalinismo desempenhou um papel decisivo nessa evolução: ao tentar apagar toda a memória cristã, deixou claro, de modo brutal, que todos nós, crentes ou descrentes, blasfemos ou devotos, pertencemos à mesma cultura enraizada no passado cristão, sem o qual seríamos apenas sombras sem substância, racionalistas sem vocabulário, apátridas espirituais.

Fui educado como ateu e isso me agradou até o dia em que, nos anos mais negros do comunismo, vi cristãos perseguidos. Na mesma hora, o ateísmo provocador de minha primeira juventude desapareceu como uma bobagem juvenil. Compreendia meus amigos religiosos e, movido pela solidariedade e pela emoção, acompanhava-os às vezes à missa. Ao fazer isso, não sentia a convicção de que existe um Deus como um ser que dirige nossos destinos. Em todo caso, o que poderia eu saber? E eles, o que poderiam saber? Estariam certos de estar certos? Ficava sentado na igreja com a estranha e feliz sensação de que a minha não crença e a crença deles estavam curiosamente próximas.

O POÇO DO PASSADO

O que é um indivíduo? Em que reside sua identidade? Todos os romances procuram uma resposta a essas perguntas. Na realidade, de que maneira se define um eu? Pelo que faz um personagem, por suas ações? Mas a ação escapa a seu autor, volta-se quase sempre contra ele. Seria então por sua vida interior, por seus pensamentos, por seus sentimentos secretos? Mas seria o homem capaz de se compreender a si mesmo? Poderiam seus pensamentos servir de chave para sua identidade? Ou seria o homem definido por sua visão de mundo, por suas ideias, por sua *Weltanschauung*? É a estética de Dostoiévski: seus personagens são enraizados numa ideologia pessoal muito original e, imersos nela, agem com uma lógica inflexível. Em contrapartida, em Tolstói a ideologia pessoal está longe de ser uma coisa estável sobre a qual a identidade individual possa estar fundamentada: "Stiepan Arcáditch não escolhia nem as tendências nem as opiniões, eram antes as tendências e opiniões que vinham a ele, assim como não escolhia o modelo do chapéu ou da sobrecasaca, mas adotava o que os outros vestiam" (*Anna Kariênina*).* Mas se o pensamento pessoal não é o fundamento da identidade de um indivíduo (se não tem uma importância maior do que um chapéu), onde se encontra esse fundamento?

Thomas Mann trouxe uma contribuição muito importante a essa busca sem fim: pensamos agir, pensamos pensar, mas é um outro ou são outros que pensam e agem em nós: hábitos imemoriais, arquétipos que, transfor-

---

* Tradução de Rubens Figueiredo. São Paulo: Companhia das Letras, 2017. (N. E.)

mando-se em mitos, passando de uma geração a outra, possuem uma imensa força de sedução e nos teleguiam desde (como diz Mann) "o poço do passado". Mann:

> Estaria o "eu" do homem estreitamente circunscrito e hermeticamente incluso em seus limites carnais e efêmeros? Vários dos elementos que o compõem não pertenceriam ao universo exterior e anterior a ele? [...] A distinção entre o espírito em geral e o espírito individual não se impunha outrora às almas com a mesma força de hoje...

E ainda:

> Estaríamos diante de um fenômeno que seríamos tentados a qualificar de imitação ou de continuação, uma concepção da vida segundo a qual o papel de cada um consiste em ressuscitar certas formas existentes, certos esquemas míticos estabelecidos pelos antepassados, e em permitir que reencarnem.

O conflito entre Jacó e seu irmão Esaú é nada mais que uma repetição da antiga rivalidade entre Abel e seu irmão Caim, entre o privilegiado de Deus e o outro, o negligenciado, o ciumento. Esse conflito, esse "esquema mítico estabelecido pelos antepassados", encontra seu novo avatar no destino do filho de Jacó, José, também da raça dos privilegiados. É por estar movido pelo imemorial sentimento de culpa dos privilegiados que Jacó manda que se reconcilie com seus irmãos ciumentos (iniciativa funesta: vão jogá-lo num poço).

Mesmo o sofrimento, reação aparentemente incontrolável, não é senão "imitação e continuação": quando o romance nos relata o comportamento e as palavras de Jacó ao deplorar a morte de José, Mann comenta:

> Não era essa sua maneira habitual de falar. [...] Noé já tinha usado a respeito do dilúvio uma linguagem análoga ou semelhante, e Jacó apropriou-se dela. [...] Seu desespero expressava-se por formas mais ou menos consagradas [...] embora por nada no mundo seja necessário por isso colocar em dúvida sua espontaneidade.

Observação importante: a imitação não quer dizer falta de autenticidade, pois o indivíduo não pode deixar de imitar o que já aconteceu; por mais sincero que seja, ele é apenas uma reencarnação; por mais verdadeiro que seja, ele não é senão uma resultante das sugestões e das injunções que emanam do poço do passado.

COEXISTÊNCIA DE TEMPOS HISTÓRICOS DIFERENTES DENTRO DE UM ROMANCE

Penso nos dias em que comecei a escrever *A brincadeira*: desde o começo, e de forma totalmente espontânea, sabia que através do personagem de Jaroslav o romance iria mergulhar seu olhar nas profundezas do passado (do passado da arte popular), e que o "eu" do meu personagem se revelaria nesse olhar e através dele. Aliás, os quatro protagonistas são criados assim: quatro universos comunistas pessoais, inseridos sobre quatro passados europeus: Ludvik: o comunismo que cresce sobre o espírito corrosivo de Voltaire; Jaroslav: o comunismo como o desejo de reconstruir o tempo do passado patriarcal conservado no folclore; Kostka: a utopia comunista calcada no Evangelho; Helena: o comunismo, fonte de entusiasmo de um *Homo sentimentalis*. Todos esses universos pessoais são apreendidos no momento de sua decomposição: quatro formas de desintegração do comunismo; o que quer dizer: desmoronamento de quatro velhas aventuras europeias.

Em *A brincadeira*, o passado manifesta-se apenas como uma faceta da psique dos personagens ou em digressões ensaísticas; mais adiante, desejei colocá-lo mais diretamente em cena. Em *A vida está em outro lugar*, situei a vida de um jovem poeta contemporâneo diante da tela de toda a história da poesia europeia, a fim de que seus passos se confundissem com os de Rimbaud, de Keats, de Lermontov. Com *A imortalidade*, fui ainda mais além no confronto de diferentes tempos históricos.

Jovem escritor, em Praga, eu detestava a palavra "geração", que me repugnava por seu bolor gregário. A primeira vez que tive a sensação de estar ligado aos outros foi ao ler mais tarde, na França, *Terra nostra*, de Carlos Fuentes. Como é possível que alguém de outro continente, distanciado de mim por seu itinerário e sua cultura, seja possuído pela mesma obsessão estética de fazer coabitar diferentes tempos históricos no romance, obsessão que até então eu havia ingenuamente considerado como pertencendo apenas a mim?

É impossível compreender o que é a *terra nostra*, *terra nostra* do México, sem se inclinar para dentro do poço do passado. Não à maneira de um historiador para nele ler os acontecimentos em seu desenrolar cronológico, mas para se perguntar: qual é para um homem a *essência concentrada* da *terra* mexicana? Fuentes apreendeu essa essência sob o aspecto de um romance-sonho em que várias épocas históricas passam como num telescópio, numa espécie de meta-história poética e onírica; criou assim algo dificilmente descritível e, em todo caso, jamais visto em literatura.

A última vez que tive esse mesmo sentimento de parentesco estético secreto foi com *La Fête à Venise* [A festa em Veneza], de Sollers, esse estranho romance cuja história, que se passa em nossos dias, é toda ela um palco oferecido a Watteau, Cézanne, Monet, Ticiano, Picasso, Stendhal, ao espetáculo de suas propostas e de sua arte.

E nesse meio-tempo *Os versos satânicos*: identidade complicada de um indiano europeizado; *terra non nostra*; *terrae non nostrae*; *terrae perditae*; para apreender essa identidade dilacerada, o romance a examina em diferentes lugares do planeta: em Londres, em Bombaim, numa cidade paquistanesa e depois na Ásia do século VII.

A coexistência de épocas diferentes cria para o romancista um problema técnico: como ligá-las sem que o romance perca sua unidade?

Fuentes e Rushdie encontraram soluções fantásticas: em Fuentes, os personagens passam de uma época para outra como se fossem suas próprias reencarnações. Em Rushdie, é o personagem de Gibreel Farishta que assegura essa ligação supratemporal, transformando-se no arcanjo Gibreel, que, por sua vez, se torna o médium de Mahaound (variante romanesca de Maomé).

Com Sollers e comigo, a ligação não tem nada de fantástico: Sollers: os quadros e os livros, vistos e lidos pelos personagens, servem de janelas que levam ao passado. Comigo, passado e presente são percorridos pelos mesmos temas e os mesmos motivos.

Poderia esse parentesco estético subterrâneo (não percebido e não perceptível) ser explicado por uma influência mútua? Não. Por influências sofridas em comum? Não vejo quais. Ou teríamos nós respirado o mesmo ar da História? Ou teria a história do romance, com sua lógica própria, nos confrontado com a mesma tarefa?

A HISTÓRIA DO ROMANCE COMO VINGANÇA DA HISTÓRIA COMUM

A História. Será que ainda podemos invocar o testemunho dessa autoridade em desuso? O que vou dizer é apenas uma opinião pessoal: como romancista, sempre me senti como se estivesse dentro da história, isto é, no meio de um caminho, em diálogo com aqueles que me precederam e mesmo talvez (menos) com aqueles que virão depois. Estou falando, é claro, da história do romance, de nenhuma outra, e falo dela como a vejo: ela não tem nada a ver com a razão extra-humana de Hegel: não é nem decidida antes, nem idêntica à ideia de progresso; é inteiramente humana, feita pelos homens, por alguns homens, e, como tal, comparável à evolução de um único artista que ora age de modo banal, ora de modo imprevisível, ora com gênio, ora sem, e que muitas vezes perde as oportunidades.

Estou fazendo aqui uma declaração de adesão à história do romance, enquanto todos os meus romances exalam o horror da História, dessa força hostil, desumana, que, não sendo convidada, não sendo desejada, invade do exterior nossas vidas, demolindo-as. No entanto, não existe nada de incoerente nessa atitude dúplice, pois a História da humanidade e a história do romance são coisas totalmente diferentes. Se a primeira não pertence ao homem, se se impôs a ele como uma força estranha sobre a qual ele não tem nenhum acesso, a história do romance (da pintura, da música) nasceu da liberdade do homem, de suas criações inteiramente pessoais, de suas escolhas. O sentido da história de uma arte é oposto ao da História simplesmente. Por seu caráter pessoal, a história de uma arte é uma vingança do homem sobre a impessoalidade da História da humanidade.

Caráter pessoal da história do romance? Para poder formar um só todo ao longo dos séculos, essa história não deveria estar ligada por um sentido comum permanente e portanto necessariamente suprapessoal? Não. Acredito que mesmo esse sentido comum permaneça sempre pessoal, humano, pois, no decurso da história, o conceito dessa ou daquela arte (o que é o romance?) assim como o sentido de sua evolução (de onde vem e para onde vai?) são constantemente definidos e redefinidos por cada artista, por cada nova obra. O sentido da história do romance é a procura desse sentido, sua constante criação e recriação, que engloba sempre retroativamente todo o passado do romance: Rabelais certamente nunca chamou seu *Gargântua-Pantagruel* de romance. *Não era* um romance; *tornou-se* um à medida que os romancistas posteriores (Sterne, Diderot, Balzac, Flaubert, Vančura, Gombrowicz, Rushdie, Kis, Chamoiseau) nele se inspiraram, o invocaram abertamente, integrando-o assim na história do romance, e mais, reconhecendo-o como a primeira pedra desta história.

Dito isso, as palavras "o fim da História" jamais provocaram em mim angústia ou desprazer. "Como seria delicioso esquecê-la, ela que esgotou a seiva de nossas curtas vidas para sujeitá-la a seus trabalhos inúteis! Como seria bom esquecer a História!" (*A vida está em outro lugar.*) Se ela deve acabar (se bem que eu não consiga imaginar concretamente esse fim de que os filósofos gostam de falar), que ande depressa! Mas a mesma fórmula, "fim da história", aplicada à arte me aperta o coração; este fim, eu não consigo nem mesmo imaginar, pois a maior parte da produção romanesca de hoje é feita de romances fora da história do romance: confissões romanceadas, reportagens romanceadas, acertos de contas romanceados, autobiografias romanceadas, indiscrições romanceadas, denúncias romanceadas, lições políticas romanceadas, angústias do marido romanceadas, angústias do pai romanceadas, angústias da mãe romanceadas, deflorações romanceadas, partos romanceados, romances ad infinitum, até o final dos tempos, que não dizem nada de novo, não têm nenhuma ambição estética, não trazem nenhuma mudança nem à nossa compreensão do homem nem à forma romanesca, parecem-se uns com os outros, são perfeitamente consumíveis de manhã e perfeitamente descartáveis à noite.

Na minha opinião, as grandes obras só podem nascer inseridas na história de sua arte e *participando* dessa história. É apenas no interior da história que podemos apreender o que é novo e o que é repetitivo, o que é descoberta e o que é imitação, em outras palavras, apenas no interior da história uma obra pode existir como um valor que se pode discernir e apreciar. Nada me parece portanto mais horroroso para a arte do que a queda para fora de sua história, pois é a queda num caos em que os valores estéticos não são mais perceptíveis.

IMPROVISAÇÃO E COMPOSIÇÃO

Enquanto estava escrevendo *Dom Quixote*, Cervantes não se sentiu constrangido em alterar o caráter de seu herói. A liberdade com que Rabelais, Cervantes, Diderot e Sterne nos encantam estava ligada à improvisação. A arte da composição complexa e rigorosa só se tornou uma necessidade imperativa na primeira metade do século XIX. A forma do romance que aparece então, com a ação concentrada num tempo muito reduzido, numa confluência em que várias histórias de vários personagens se cruzam, exigia um plano minuciosamente calculado das ações e das cenas: antes de começar a escrever, o romancista portanto traçava e retraçava o plano do romance, calculava e recalculava, desenhava e redesenhava como até então não se fazia. Basta folhear as notas que Dostoiévski escreveu para *Os demônios*: nos sete cadernos de notas que ocupam quatrocentas páginas da edição La Pléiade (o romance inteiro ocupa 750), os motivos estão à procura dos personagens, os personagens à procura dos motivos, os personagens brigam entre si muito tempo pelo lugar de protagonista; Stavroguine deveria se casar, mas "com quem?", se pergunta Dostoiévski, que tenta casá-lo sucessivamente com três mulheres etc. (Paradoxo apenas aparente: quanto mais essa máquina de construção é calculada, mais os personagens são verdadeiros e naturais. O preconceito contra a razão construtiva como elemento "não artístico" que mutila o caráter "vivo" dos personagens é ingenuidade sentimental daqueles que jamais compreenderam alguma coisa sobre arte.)

O romancista de nosso século, nostálgico da arte dos antigos mestres do romance, não pode retomar o fio onde ele foi cortado; não pode saltar por cima da imensa experiência do século XIX; se quiser reencontrar a liberdade desenvolta de Rabelais e de Sterne, deve reconciliar-se com as exigências da composição.

Lembro de minha primeira leitura de *Jacques o fatalista*; encantado com essa riqueza audaciosamente heteróclita, em que a reflexão está lado a lado com a anedota, em que um relato emoldura o outro, encantado com essa liberdade de composição que desconsidera a regra da unidade de ação, eu pensava: essa maravilhosa desordem seria consequência de uma admirável construção calculada com finura ou seria ela decorrente da euforia de uma pura improvisação? Sem dúvida, é a improvisação que prevalece aqui; mas a pergunta que espontaneamente eu fazia me levou a compreender que uma prodigiosa possibilidade arquitetônica está contida nessa improvisação inebriante, a possibilidade de uma construção complexa, rica, e que, ao mesmo tempo, seja perfeitamente calculada, medida e premeditada, como era necessariamente premeditada até mesmo a mais exuberante fantasia arquitetônica de uma catedral. Poderia essa intenção arquitetônica fazer o romance perder o encanto da liberdade? Sua característica de jogo? Mas o jogo, o que é, afinal? Todo jogo baseia-se em regras, e quanto mais severas as regras, mais o jogo é jogo. Ao contrário do jogador de xadrez, o próprio artista inventa para si mesmo suas próprias regras; ao improvisar sem regras, portanto, ele não é mais livre do que inventando seu próprio sistema de regras.

Portanto, para o romancista do nosso século, reconciliar a liberdade de Rabelais ou de Diderot com as exigências da composição cria problemas diferentes dos que preocupavam Balzac ou Dostoiévski. Exemplo: o terceiro livro de *Os sonâmbulos*, de Broch, que é um rio "polifônico" composto de cinco "vozes", cinco linhas inteiramente independentes: essas linhas não são ligadas entre si nem por uma ação comum nem pelos mesmos personagens e têm cada uma delas um caráter formal completamente diferente (A-romance, B-reportagem, C-conto, D-poesia, E-ensaio). Nos 88 capítulos do livro, essas cinco linhas se alternam nesta estranha ordem: A-A-A-B-A-B-A-C-A-A-D-E-C-A-B-D-C-D-A-E-A-A-B-E-C-A- -D-B-B-A-E-A-A-E-A-B-D-C-B-B-D-A-B-E-A-A-B-A-D-A-C-B- -D-A-E-B-A-D-A-B-D-E-A-C-A-D-D-B-A-A-C-D-E-B-A-B-D- -B-A-B-A-A-D-A-A-D-D-E.

O que levou Broch a escolher justamente essa ordem e não uma outra? O que o levou a escolher no quarto capítulo justamente a linha B e não a C ou a D? Não a lógica das categorias ou da ação, pois não existe nenhuma ação comum a essas cinco linhas. Foi guiado por outros critérios: pelo encanto da proximidade surpreendente das diferentes formas (verso, narrativa, aforismos, meditações filosóficas): pelo contraste das diferentes emoções que impregnam os diferentes capítulos; pela diversidade do tamanho dos capítulos; enfim, pela evolução das mesmas questões existenciais que se refletem nas cinco linhas como em cinco espelhos. Na falta de outros, qualifiquemos esses critérios de *musicais*, concluindo: o século xix elaborou a arte da composição, mas foi o nosso que conferiu a essa arte a musicalidade.

Os versos satânicos são formados de três linhas mais ou menos independentes: A: as vidas de Saladin Chamcha e Gibreel Farishta, indianos modernos que vivem entre Bombaim e Londres; B: a história do Corão que trata da gênese do islã; C: a marcha dos camponeses a Meca através do mar, que acreditam poder atravessar sem molhar os pés e onde se afogam.

Ao longo das nove partes, as três linhas são retomadas sucessivamente na seguinte ordem: A-B-A-C-A-B-A-C-A (a propósito: na música, uma ordem assim chama-se *rondó*: o tema principal retorna regularmente, alternando-se com alguns temas secundários).

Eis o ritmo do conjunto (menciono entre parênteses o número, arredondado, de páginas da edição francesa): A (100) B (40) A (80) C (40) A (120) B (40) A (70) C (40) A (40). Percebemos que as partes B e C têm sempre o mesmo tamanho, o que imprime ao conjunto uma regularidade rítmica.

A linha A ocupa cinco sétimos, a linha B, um sétimo, a linha C, um sétimo do espaço do romance. Dessa relação quantitativa resulta a posição dominante da linha A: o centro de gravidade do romance encontra-se no destino contemporâneo de Farishta e de Chamcha.

No entanto, mesmo sendo B e C linhas subordinadas, é nelas que se concentra o *desafio estético* do romance, pois foi graças a essas duas partes que Rushdie pôde captar o problema fundamental de todos os romances (o da identidade de um indivíduo, de um personagem) de uma maneira nova e que vai além das convenções do romance psicológico: as personalidades de Chamcha ou de Farishta não são compreensíveis por uma descrição detalhada de seus estados de alma; o mistério delas reside na coabitação de duas civilizações no interior de sua psique, a indiana e a europeia; reside em suas raízes, das quais se distanciaram, mas que continuam vivas dentro deles. Em que lugar essas raízes se romperam e até onde é preciso descer para tocar essa ferida? O olhar para dentro do "poço do passado" não se coloca fora do assunto, esse olhar visa ao âmago da questão: o dilaceramento existencial dos dois protagonistas.

Assim como Jacó é incompreensível sem Abraão (que, segundo Mann, viveu séculos antes dele), sendo apenas sua "imitação e continuação", assim também

Gibreel Farishta é incompreensível sem o arcanjo Gibreel, sem Mahound (Maomé), incompreensível mesmo sem esse islã teocrático de Khomeini ou da jovem fanática que conduz os camponeses para Meca, ou melhor, para a morte. Todos esses são suas próprias possibilidades, que dormem dentro dele, e é com elas que deve disputar sua própria individualidade. Não existe, nesse romance, nenhuma questão importante que possa ser imaginada sem um olhar para dentro do poço do passado. O que é bom e o que é mau? Quem é o diabo para o outro, Chamcha para Farishta ou Farishta para Chamcha? Foi o diabo ou o anjo que inspirou a peregrinação dos camponeses? O afogamento deles foi um naufrágio lamentável ou uma viagem gloriosa em direção ao Paraíso? Quem poderá dizer, quem saberá? E se essa dificuldade de percepção do bem e do mal fosse o tormento vivido pelos fundadores das religiões? As palavras terríveis de desespero, esta blasfêmia espantosa do Cristo — "Meu Deus, meu Deus, por que me abandonastes?" —, não ressoam na alma de todos os cristãos? Na dúvida de Mahound perguntando-se quem lhe soprou os versículos, Deus ou o diabo, não estaria aí, encoberta, a incerteza na qual está fundamentada a própria existência do homem?

À SOMBRA DOS GRANDES PRINCÍPIOS

Desde seus *Os filhos da meia-noite*, que despertaram na época (1980) uma admiração unânime, ninguém no mundo literário anglo-saxão contesta que Rushdie seja um dos mais bem-dotados romancistas de hoje. *Os versos satânicos*, publicados em inglês em setembro de

1988, foram acolhidos com a atenção que se dedica a um grande autor. O livro recebeu essas homenagens sem que ninguém tivesse previsto a tempestade que iria eclodir alguns meses mais tarde quando o senhor do Irã, o imã Khomeini, condenou Rushdie à morte por blasfêmia e mandou matadores ao seu encalço para uma caçada de fim imprevisível.

Isso aconteceu antes que o romance pudesse ser traduzido. Em toda parte, fora do mundo anglo-saxão, o escândalo precedeu o livro. Na França, a imprensa publicou imediatamente trechos do romance ainda inédito para divulgar as razões do veredicto. Comportamento mais do que normal, porém mortal para um romance. Ao apresentá-lo exclusivamente por seus trechos *incriminados*, desde o começo transformou uma obra de arte em simples *corpo de delito*.

Nunca falarei mal da crítica literária. Pois nada é pior para um escritor do que se defrontar com sua ausência. Refiro-me à crítica literária em seu aspecto de meditação, de análise; da crítica literária que sabe ler várias vezes o livro do qual quer falar (como uma grande música que podemos reescutar infinitamente, também os grandes romances são feitos para leituras repetidas); da crítica literária que, surda ao implacável relógio da atualidade, está pronta para discutir as obras nascidas há um ano, trinta anos, trezentos anos; da crítica literária que tenta captar a novidade de uma obra para desse modo inscrevê-la na memória histórica. Se uma tal meditação não acompanhasse a história do romance, hoje nada saberíamos sobre Dostoiévski, sobre Joyce ou sobre Proust. Sem ela, toda obra está entregue aos julgamentos arbitrários e ao esquecimento rápido. Ora, o caso de Rushdie mostrou (se é que alguma prova ainda era necessária) que não se pratica mais esse tipo de meditação. A crítica literária, imperceptivelmente, inocentemente, pela força das coisas, pela evolução da sociedade, da imprensa, transformou-se em uma simples (muitas vezes inteligente, sempre apressada) *informação sobre a literatura da atualidade.*

No caso de *Os versos satânicos*, a repercussão literária foi a condenação à morte de um autor. Numa tal situação de vida e morte, parece quase uma frivolidade falar de arte. O que representa a arte, na realidade, diante de grandes princípios ameaçados? Além disso, em todo o mundo, todos os comentários concentraram-se na problemática dos princípios: a liberdade de expressão; a necessidade de defendê-la (na verdade, esta foi defendida, protestou-se, assinaram-se petições); a religião; o islã e a cristandade; mas há também esta pergunta: um autor tem o direito moral de blasfemar e assim ferir os crentes? E até mesmo esta dúvida: e se Rushdie tivesse atacado o islã unicamente para fazer publicidade e vender seu livro ilegível?

Com uma misteriosa unanimidade (constatei essa reação no mundo inteiro), os literatos, os intelectuais e os iniciados dos salões esnobaram esse romance. Decidiram resistir de uma vez por todas a qualquer pressão comercial e recusaram-se a ler o que lhes parecia um simples objeto de sensacionalismo. Assinaram todas as petições em favor de Rushdie, achando elegante dizer ao mesmo tempo, com um sorriso fútil: "Seu livro? Ah, não, nem li". Os políticos aproveitaram-se desse curioso "estado de desgraça" do romancista de quem não gostavam. Jamais esquecerei a virtuosa imparcialidade que exibiam na ocasião: "Não aprovamos o veredicto de Khomeini. A liberdade de expressão é sagrada para nós.

Mas também não aprovamos esse ataque à fé. Ataque indigno, miserável, que ofende a alma dos povos".

É isso, ninguém mais duvidava de que Rushdie havia *atacado* o islã, pois só a acusação era real; o texto do livro não tinha mais nenhuma importância, não existia mais.

O CHOQUE DE TRÊS ÉPOCAS

Situação única na História: por sua origem, Rushdie pertence à sociedade muçulmana, que, em grande parte, ainda está vivendo na época anterior aos tempos modernos. Ele escreve seu livro na Europa, na época dos tempos modernos, ou, mais exatamente, no fim dessa época.

Assim como o islã iraniano afastava-se nesse momento da moderação religiosa para uma teocracia agressiva, da mesma forma a história do romance, com Rushdie, passava do sorriso gentil e professoral de Thomas Mann para a imaginação desabrida e impregnada pela fonte redescoberta do humor de Rabelais. As antíteses se reencontraram, levadas ao extremo.

Desse ponto de vista, a condenação de Rushdie aparece não como um acaso, uma loucura, mas como um conflito dos mais profundos entre duas épocas: a teocracia responsabiliza os tempos modernos e toma como alvo a criação mais representativa desses: o romance. Pois Rushdie não blasfemou. Não atacou o islã. Escreveu um romance. Mas isso, para o espírito teocrático, é pior do que um ataque; se atacamos uma religião (com uma polêmica, uma blasfêmia, uma heresia), os guardiões do templo podem defendê-la facilmente em seu próprio terreno, com sua própria linguagem; mas, para eles, o romance é outro planeta; outro universo fundado sobre outra ontologia; um *infernum* em que a verdade única não tem poder, e a ambiguidade satânica transforma todas as certezas em enigmas.

Sublinhando bem: não o ataque, a ambiguidade; a segunda parte de *Os versos satânicos* (isto é, a parte incriminada, que evoca Maomé e a gênese do islã) é apresentada no romance como um *sonho* de Gibreel Farishta que, depois, a partir desse sonho, faz um filme barato em que ele próprio desempenha o papel de arcanjo. Desse modo, o relato é *duplamente* desdobrado (primeiro como um sonho, depois como um *mau* filme que será um fracasso), portanto apresentada não como uma afirmação, mas como uma *invenção lúdica*. Invenção desqualificadora? Contesto: ela me fez compreender, pela primeira vez na minha vida, a *poesia* da religião islâmica.

Insistamos nesse ponto de vista: não há lugar para o ódio no universo da relatividade romanesca: o romancista que escreve um romance para ajustar contas (sejam contas pessoais ou ideológicas) está destinado a um naufrágio estético total e garantido. Ayesha, a jovem que conduz os camponeses alucinados para a morte, é um monstro, mas é também sedutora, maravilhosa (aureolada de borboletas que a acompanham por toda parte) e muitas vezes comovente; mesmo na descrição de um imã emigrado (retrato imaginário de Khomeini), encontramos uma compreensão quase respeitosa; a modernidade ocidental é observada com ceticismo, em nenhuma circunstância é apresentada como superior ao arcaísmo oriental; o romance "explora histórica e psicologicamente" antigos textos sagrados, mas mostra, além disso, a que ponto estes são *aviltados* pela televisão, pela publicidade, pela indústria da diversão; será que pelo menos os personagens de esquerdistas, que estigmatizam a frivolidade deste mundo moderno, se beneficiam de uma simpatia infalível por parte do autor? Ah, não, eles são lamentavelmente ridículos e tão frívolos quanto a frivolidade que os cerca; ninguém tem razão e ninguém está inteiramente errado nesse imenso *carnaval da relatividade* que é essa obra.

Em *Os versos satânicos* é portanto a arte do romance em si que é incriminada. É por isso que o mais triste dessa história toda não é o veredicto de Khomeini (que resulta de uma lógica atroz, mas coerente) mas a incapacidade da Europa de defender e explicar (explicar pacientemente a si mesma e aos outros) a mais europeia das artes que é a arte do romance, em outras palavras, explicar e defender sua própria cultura. Os "filhos do romance" abandonaram a arte que os formou. A Europa, a "sociedade do romance", abandonou-se a si mesma.

Não me espanta que os teólogos da Sorbonne, a polícia ideológica desse século XVI que acendeu tantas fogueiras, tenham atrapalhado tanto a vida de Rabelais, obrigando-o a fugir e se esconder. O que me parece muito mais espantoso e digno de admiração é a proteção que ele teve dos homens poderosos de seu tempo, do cardeal du Bellay, por exemplo, do cardeal Odet, e sobretudo de Francisco I, rei da França. Quiseram eles defender princípios? A liberdade de expressão? Os direitos do homem? O motivo de sua atitude era melhor: eles amavam a literatura e as artes.

Não vejo nenhum cardeal du Bellay, nenhum Francisco I na Europa de hoje. Mas será que a Europa é ainda a Europa? Isto é, a "sociedade do romance"? Ou, por outra: encontra-se ela ainda na época dos tempos modernos? Não estará entrando já numa outra época, que ainda não tem nome, na qual suas artes não têm mais muita importância? Por que, nesse caso, espantar-se que ela não se importe absolutamente quando, pela primeira vez em sua história, a arte do romance, *sua* arte por excelência, foi condenada à morte? Não estaria o romance vivendo já há algum tempo nessa nova época, desde os tempos modernos, uma vida de condenado?

ROMANCE EUROPEU

Para delimitar com exatidão a arte a que me refiro, chamo-a de *romance europeu*. Não quero dizer com isso: romances criados na Europa por europeus, mas romances que fazem parte da história que começou na alvorada dos tempos modernos na Europa. Existem, claro, outros romances: o romance chinês, o japonês, o romance da Antiguidade grega, mas os romances acima mencionados não estão ligados a nenhuma continuidade na evolução do empreendimento histórico nascida com Rabelais e Cervantes.

Falo do *romance europeu* não apenas para distingui-lo do romance chinês (por exemplo), mas também para dizer que sua história é transnacional; que o romance francês, o romance inglês ou o romance húngaro não têm capacidade de criar sua própria história autônoma, mas que todos participam de uma história comum supranacional, que cria o único contexto em que podem ser revelados o sentido da evolução e também o valor particular de cada obra.

Durante as distintas fases do romance, diferentes nações retomaram a iniciativa, como numa corrida de revezamento: primeiro a Itália com Boccaccio, o grande precursor; depois a França de Rabelais; depois a Espanha de Cervantes e do romance picaresco; o século XVIII do grande romance inglês, e, no final, a intervenção alemã de Goethe; o século XIX, que pertence inteiramente à França, com, na terceira parte final, o romance russo e, logo em seguida, a aparição do romance escandinavo. Depois, o século XX e sua aventura centro-europeia com Kafka, Musil, Broch e Gombrowicz...

Se a Europa fosse uma só nação, não acredito que a história de seu romance pudesse ter resistido com uma tal vitalidade, uma tal força e uma tal diversidade durante quatro séculos. As situações históricas sempre novas (com seu novo conteúdo existencial) aparecendo uma vez na França, uma vez na Rússia, depois noutro e noutro lugar fizeram a marcha do romance continuar, trazendo-lhe novas inspirações, sugerindo-lhe novas soluções estéticas. Como se a história do romance, durante seu trajeto, despertasse uma após outra as diferentes partes da Europa, confirmando-as em sua especificidade e integrando-as ao mesmo tempo numa consciência europeia comum.

Em nosso século, pela primeira vez, as grandes iniciativas da história do romance europeu nascem fora da Europa: primeiro na América do Norte nos anos 1920 e 1930, então nos anos 1960, na América Latina. Depois do prazer que me proporcionou a arte de Patrick Chamoiseau, o romancista das Antilhas, e em seguida a de Rushdie, prefiro falar de modo mais geral a respeito do romance abaixo do paralelo 35, ou do romance do Sul: uma grande cultura romanesca nova, caracterizada por um extraordinário sentido do real aliado a uma imaginação desenfreada que ultrapassa todas as regras do verossímil.

Essa imaginação me encanta sem que eu compreenda inteiramente de onde ela vem. Kafka? Certamente. No século xx, foi ele quem legitimou o inverossímil na arte do romance. No entanto, a imaginação kafkiana é diferente da de Rushdie ou da de Márquez; essa imaginação exuberante parece enraizada na cultura específica do Sul; por exemplo, na literatura oral, sempre viva (Chamoiseau invocando os contadores de histórias nativos) ou, no caso da América Latina, como Fuentes gosta de lembrar, em seu barroco, mais exuberante e mais "louco" do que o da Europa.

Uma outra chave para essa imaginação: a *tropicalização do romance*. Penso na fantasia de Rushdie: Farishta voa por cima de Londres e deseja "tropicalizar" essa cidade hostil: resume os benefícios da tropicalização:

> instituição de uma *siesta* nacional [...] novos pássaros nas árvores (araras, pavões, cacatuas), novas árvores para os pássaros (coqueiros, tamarindos, figueiras com longas barbas) [...]. Fervor religioso, fermento político, [...] amigos começando a se visitar sem marcar hora com antecedência, fechamento dos asilos de velhos, ênfase nas famílias grandes. Comida mais temperada [...]. Desvantagens: cólera, tifo, doença de legionário, baratas, poeira, barulho, uma cultura de excessos.

("Cultura de excessos": é uma fórmula excelente. A tendência do romance nas últimas fases de seu modernismo: na Europa: o cotidiano levado ao extremo; análise sofisticada do tédio num fundo cinzento; fora da Europa: acúmulo das mais excepcionais coincidências; cores e mais cores. Perigo: cansaço do cinzento na Europa, monotonia do pitoresco fora da Europa.)

Os romances criados abaixo do paralelo 35, apesar de um pouco estranhos ao gosto europeu, são o prolongamento da história do romance europeu, de sua forma, de seu espírito, e estão mesmo estranhamente próximos de suas primeiras fontes; em nenhum outro lugar a velha seiva de Rabelais corre hoje tão alegremente quanto nas obras dos romancistas não europeus.

O DIA EM QUE PANURGE NÃO MAIS FARÁ RIR

O que me faz voltar uma última vez a Panurge. Em *Pantagruel*, ele fica apaixonado por uma mulher e quer possuí-la a qualquer preço. Na igreja, durante a missa (isso não é um sacrilégio danado?), dirige-lhe obscenidades chocantes (o que, na América de hoje, iria lhe custar 113 anos de prisão por assédio sexual), e, quando ela não o quer escutar, ele se vinga esfregando sobre sua roupa o sexo de uma cadela no cio. Saindo da igreja, todos os cães das redondezas (600014, diz Rabelais) correm atrás dela e mijam-lhe em cima. Lembro-me dos meus vinte anos, um dormitório de operários, meu Rabelais tcheco sob minha cama. Muitas vezes tive que ler essa história para os operários curiosos desse livro grande, que logo saberiam de cor. Embora fossem pessoas de uma moral camponesa mais para conservadora, não havia, no riso deles, a menor condenação ao agressor verbal e urinário; eles adoraram Panurge, a tal ponto que deram seu nome a um de nossos companheiros; ah, não, não a um mulherengo, mas a um rapaz conhecido por sua ingenuidade e por sua castidade hiperbólica que, no chuveiro, tinha vergonha de ser visto nu. Escuto seus gritos como se fosse ontem: "Panurque (era nossa pronúncia tcheca desse nome), pro chuveiro! Senão vamos lavar você no mijo dos cachorros!".

Escuto sempre esse belo riso que caçoava do pudor de um amigo mas que expressava ao mesmo tempo, por esse pudor, uma ternura quase maravilhada. Ficavam encantados com as obscenidades que Panurge dirigia à mulher na igreja, mas igualmente encantados com a punição que lhe era infligida pela castidade da moça, que, por sua vez, para grande prazer deles, era punida com a urina dos cachorros. Com quem simpatizavam meus companheiros de outrora? Com o pudor? Com o despudor? Com Panurge? Com a moça? Com os cachorros, que tinham o invejável privilégio de urinar numa beleza?

O humor: centelha divina que descobre o mundo na sua ambiguidade moral e o homem em sua profunda incompetência para julgar os outros; o humor: embriaguez da relatividade das coisas humanas; estranho prazer nascido da certeza de que não há certeza.

Mas o humor, para lembrar Octavio Paz, é "a grande invenção do espírito moderno". Não existiu sempre e tampouco vai existir para sempre.

Com o coração apertado, penso no dia em que Panurge não mais fará rir.

SEGUNDA PARTE
A sombra castradora do Santo Garta

I

A imagem de Kafka, hoje partilhada mais ou menos por todo mundo, baseia-se num romance. Max Brod escreveu-o logo depois da morte de Kafka e publicou-o em 1926. Saboreiem o título: *Zauberreich der Liebe* [O reino encantado do amor]. Esse romance-chave é um romance com chave. Reconhecemos em seu protagonista, o escritor alemão de Praga chamado Nowy, o autorretrato lisonjeiro de Brod (adorado pelas mulheres, invejado pelos literatos). Nowy-Brod corneia um homem que, com intrigas maldosas e muito complicadas, consegue depois colocá-lo na prisão por quatro anos. Imediatamente mergulhamos numa história entremeada de coincidências das mais inverossímeis (os personagens encontram-se por mero acaso num navio no meio do mar, numa rua de Haifa, numa rua de Viena), assistimos à luta entre os bons (Nowy e sua amante) e os maus (o corneado, tão vulgar que bem merece seus chifres, e um crítico literário que espinafra sistematicamente os belos livros de Nowy), nos emocionamos com reviravoltas melodramáticas (a heroína se suicida porque não pode mais suportar a vida entre o corneado e o corneador), admiramos a sensibilidade da alma de Nowy-Brod, que desmaia a toda hora.

Esse romance seria esquecido antes de ser escrito se não fosse o personagem Garta. Pois Garta, amigo íntimo de Nowy, é um retrato de Kafka. Sem essa chave, o personagem seria o menos interessante de toda a história das letras; ele é definido como um "santo do nosso tempo", mas nem ao menos sobre o exercício de sua santidade aprendemos grande coisa, exceto que, de tempos em tempos, Nowy-Brod, em suas dificuldades amorosas, pede ao amigo um conselho que este é incapaz de dar, por não ter, como santo, nenhuma experiência no gênero.

Que paradoxo admirável: a imagem completa de Kafka e todo o destino póstumo de sua obra são pela primeira vez concebidos e delineados nesse romance ingênuo, nesse abacaxi, nessa trama caricatamente romanesca que, do ponto de vista estético, situa-se precisamente no polo oposto ao da arte de Kafka.

2

Algumas citações do romance: Garta "era um santo do nosso tempo, um verdadeiro santo". "Uma de suas superioridades era a de manter-se sempre independente, livre e santamente racional diante de todas as mitologias, embora no fundo estivesse próximo delas." "Ele queria a pureza absoluta, não poderia querer outra coisa..."

As palavras *santo, santamente, mitologia* e *pureza* não são figuras de retórica; é preciso tomá-las ao pé da letra:

De todos os sábios e profetas que pisaram esta terra, ele foi o mais silencioso [...]. Talvez lhe faltasse apenas a confiança em si mesmo para ser o guia da humanidade! Não, não era um guia, não falava ao povo, nem a seus discípulos, como os outros chefes espirituais dos homens. Mantinha o silêncio: talvez por ter desvendado o grande mistério antes dos outros? Aquilo a que se propunha era sem dúvida mais difícil ainda do que aquilo que Buda queria, pois se tivesse sido bem-sucedido teria sido para sempre.

E ainda: "Todos os fundadores de religiões eram seguros de si; um deles, entretanto — quem sabe, o mais sincero de todos —, Lao-Tsé, recolheu-se na sombra de seu próprio movimento. Garta fez sem dúvida a mesma coisa".

Garta é apresentado como uma pessoa que escreve. Nowy "aceitara ser o executor testamentário de Garta no que dizia respeito a suas obras. Garta pedira-lhe que o fizesse, mas sob a estranha condição de destruir tudo". Nowy

adivinhava a razão dessa última vontade. Garta não anunciava uma nova religião, ele queria viver *sua fé*. Exigia de si mesmo o esforço final. Como não o conseguiu, seus escritos (pobres degraus que deveriam ajudá-lo a subir aos píncaros) ficavam sem valor para ele.

No entanto, Nowy-Brod não queria obedecer à vontade do amigo, pois, segundo ele, "mesmo sob a forma

de simples ensaios, os escritos de Garta levavam aos homens que vagam na noite o pressentimento do bem superior e insubstituível para o qual eles se inclinam".
Sim, está tudo aí.

3

Sem Brod, hoje nem saberíamos o nome de Kafka. Logo depois da morte do amigo, Brod fez editar seus três romances. Sem nenhuma repercussão. Compreendeu então que, para impor a obra de Kafka, devia empreender uma longa e autêntica guerra. Impor uma obra significa apresentá-la, interpretá-la. Era, por parte de Brod, uma verdadeira ofensiva de artilheiro: os prefácios: para *O processo* (1925), para *O castelo* (1926), para *Amerika** (1927), para *Descrição de um combate* (1936), para o diário e as cartas (1937), para os contos (1946); para as *Conversas* de Janouch (1952); depois, as dramatizações: de *O castelo* (1953) e de *Amerika* (1957); mas sobretudo três importantes livros de interpretação (reparem bem nos títulos!): *Franz Kafka, eine Biographie* [Franz Kafka, uma biografia] (1937), *Franz Kafkas Glauben und Lehre* [A fé e o ensinamento de Franz Kafka] (1948) e *Verzweiflung und Erlösung im Werke Franz Kafkas* [O desespero e a salvação na obra de Franz Kafka] (1959).

Em todos esses textos, a imagem esboçada em *Zauberreich der Liebe* é confirmada e desenvolvida: Kafka é

---

* Embora Kafka tenha batizado o romance como *O desaparecido*, ele foi publicado como *Amerika*, título dado por Max Brod. (N. E.)

antes de tudo um pensador religioso, *der religiöse Denker*. É verdade que ele

nunca deu uma explicação sistemática de sua filosofia e de sua concepção religiosa do mundo. Apesar disso, pode-se deduzir sua filosofia através de sua obra, especialmente através de seus aforismos, mas também de sua poesia, de suas cartas, de seus diários, e consequentemente também de sua maneira de viver (principalmente desta).

Mais adiante: "Não se pode compreender a verdadeira importância de Kafka sem distinguir duas correntes em sua obra: 1) seus aforismos, 2) seus textos narrativos (os romances, os contos)".

"Em seus aforismos, Kafka expõe '*das positive Wort*', a palavra positiva, sua fé, seu apelo severo para que cada indivíduo mude sua vida pessoal."

Em seus romances e contos, "ele descreve horríveis punições destinadas àqueles que não querem ouvir a palavra (*das Wort*) e não seguem o bom caminho".

Prestem bem atenção na hierarquia: em cima: a vida de Kafka como exemplo a seguir; no meio: os aforismos, isto é, todos os trechos sentenciosos, "filosóficos", de seu diário; abaixo: a obra narrativa.

Brod era um intelectual brilhante, de uma energia excepcional; um homem generoso, pronto a lutar pelos outros; seu apego a Kafka era caloroso e desinteressado. A única infelicidade era sua orientação artística: homem de ideias, não sabia o que é a paixão pela forma; seus romances (escreveu uns vinte) são tristemente convencionais; e principalmente: não entendia nada de arte moderna.

Por que, apesar disso, Kafka gostava tanto dele?

Será que alguém deixa de gostar de seu melhor amigo porque ele tem mania de escrever versos ruins?

No entanto, o homem que escreve versos ruins torna-se perigoso a partir do momento em que começa a editar a obra de seu amigo poeta. Imaginemos que o mais influente comentarista de Picasso seja um pintor que não chega a compreender nem mesmo os impressionistas. Que diria ele sobre os quadros de Picasso? Provavelmente a mesma coisa que Brod sobre os romances de Kafka: que eles nos descrevem as "horríveis punições destinadas àqueles que não seguem o bom caminho".

4

Max Brod criou a imagem de Kafka e a de sua obra; criou ao mesmo tempo a kafkologia. Embora os kafkólogos gostem de se distanciar de seu pai, nunca saem do terreno que este delimitou. Apesar da quantidade astronômica de seus textos, a kafkologia desenvolve, com variantes infinitas, sempre o mesmo discurso, a mesma especulação, que, cada vez mais independente da obra de Kafka, se alimenta somente de si mesma. Por meio de inúmeros prefácios, posfácios, notas, biografias e monografias, conferências universitárias e teses, a kafkologia produz e mantém a imagem de Kafka, se bem que o autor que o público conhece sob o nome de Kafka não seja mais Kafka, mas sim o Kafka kafkologizado.

Nem tudo o que se escreve sobre Kafka é kafkologia. Como então definir a kafkologia? Por meio de uma tautologia: a kafkologia é o discurso destinado a kafkologizar Kafka. A substituir Kafka pelo Kafka kafkologizado:

1) Da mesma forma que Brod, a kafkologia examina os livros de Kafka não dentro do *grande contexto* da história literária (da história do romance europeu), mas quase exclusivamente dentro do *microcontexto biográfico*. Em sua monografia, Boisdeffre e Albérès lembram Proust recusando-se a aceitar a explicação biográfica da arte, mas somente para afirmar que Kafka exige uma exceção à regra, seus livros não sendo "separáveis de sua pessoa. Quer se chame José K., Rohan, Samsa, o Agrimensor, Bendemann, Josefina a cantora, o Jejuador ou o Trapezista, o herói de seus livros não é outro senão o próprio Kafka". A biografia é a principal chave para a compreensão do sentido da obra. Pior: o único sentido da obra é ser uma chave para compreender a biografia.

2) A exemplo de Brod, nos textos dos kafkólogos, *a biografia de Kafka torna-se hagiografia*; a inesquecível ênfase com a qual Roman Karst terminou seu discurso no colóquio de Liblice em 1963: "Franz Kafka viveu e sofreu por nós!". Diferentes espécies de hagiografias: religiosas; leigas: Kafka mártir de sua solidão; esquerdistas: Kafka que frequentava "assiduamente" as reuniões dos anarquistas e estava "muito atento à revolução de 1917" (segundo um testemunho mitomaníaco, sempre citado, nunca verificado). A cada Igreja, seus apócrifos: *Conversas* de Gustav Janouch. A cada santo, um gesto de sacrifício: a vontade de Kafka de mandar destruir sua obra.

3) A exemplo de Brod, *a kafkologia desaloja Kafka sistematicamente do domínio da estética*: seja como "pensador religioso", seja, à esquerda, como contestador da arte cuja "biblioteca ideal" só incluiria livros de engenheiros ou de técnicos, e de juristas enunciadores (o livro de Deleuze e Guattari). Examina infatigavelmente

as influências de Kierkegaard, de Nietzsche, dos teólogos, mas ignora os romancistas e os poetas. Mesmo Camus, em seu ensaio, não fala de Kafka como de um romancista mas como de um filósofo. Tratam do mesmo modo seus escritos particulares e seus romances, mas preferindo nitidamente os primeiros: pego por acaso o ensaio de Garaudy, na época ainda marxista, sobre Kafka: 54 vezes ele cita as cartas de Kafka; 45 vezes, o diário de Kafka; 35 vezes, as *Conversas* de Janouch; vinte vezes, os contos; cinco vezes, *O processo*; quatro vezes, *O castelo*; e nenhuma vez *Amerika*.

4) A exemplo de Brod, *a kafkologia ignora a existência da arte moderna*; como se Kafka não pertencesse à geração dos grandes inovadores, Stravínski, Webern, Bartók, Apollinaire, Musil, Joyce, Picasso, Braque, todos nascidos, como ele, entre 1880 e 1883. Quando, nos anos 1950, apareceu a ideia de sua proximidade com Beckett, Brod imediatamente protestou: Santo Garta não tinha nada a ver com essa decadência!

5) A kafkologia não é uma crítica literária (ela não examina o valor da obra: os aspectos até então desconhecidos da existência desvendados pela obra, as inovações estéticas com as quais ela marcou a evolução da arte etc.); *a kafkologia é uma exegese*. Como tal, não sabe ver nos romances de Kafka senão alegorias. Elas são religiosas (Brod: Castelo = graça de Deus; o agrimensor = o novo Parsifal em busca do divino etc. etc.); elas são psicanalíticas, existencializantes, marxistas (agrimensor = símbolo da revolução, porque empreende uma nova distribuição de terras); elas são políticas (*O processo* de Orson Welles); nos romances de Kafka, a kafkologia não procura o mundo real transformado por uma imensa

imaginação; desenterra mensagens religiosas, decifra parábolas filosóficas.

5

"Garta era um santo do nosso tempo, um verdadeiro santo." Mas pode um santo frequentar bordéis? Brod editou o diário de Kafka, censurando-o um pouco; eliminou dele não só as alusões às prostitutas mas tudo que dizia respeito à sexualidade. A kafkologia sempre colocou em dúvida a virilidade de seu autor e deleitava-se em discorrer sobre o martírio de sua impotência. Desse modo, há muito tempo, Kafka tornou-se o santo padroeiro dos neuróticos, dos deprimidos, dos anoréxicos, dos doentios, o santo padroeiro dos deformados, das preciosas ridículas e dos histéricos (em Orson Welles, K. grita histericamente, enquanto os romances de Kafka são os menos histéricos de toda a história da literatura).

Os biógrafos não conhecem a vida sexual íntima de suas próprias mulheres, mas acreditam conhecer a de Stendhal ou de Faulkner. Não ousaria dizer sobre a de Kafka a não ser isto: a vida erótica (não muito facilitada) de sua época parecia pouco com a nossa: as moças de então não faziam amor antes do casamento; para um homem solteiro sobravam duas possibilidades: as mulheres casadas de boa família ou as mulheres fáceis das classes inferiores: vendedoras, empregadas e, claro, prostitutas.

A imaginação dos romances de Brod se alimentava na primeira fonte; daí seu erotismo exaltado, romântico (corneações dramáticas, suicídios, ciúmes patológicos) e assexual: "As mulheres se enganam em acreditar que um homem apaixonado só dá importância à posse física. Ela não é senão um símbolo, e é preciso muito mais para que se iguale em importância ao sentimento que a transfigura. Todo o amor do homem visa a ganhar a benevolência (no verdadeiro sentido da palavra) e a bondade da mulher" (*Zauberreich der Liebe*).

A imaginação erótica dos romances de Kafka, ao contrário, origina-se quase exclusivamente de outra fonte: "Passava em frente do bordel como diante da casa de minha bem-amada" (*Diário*, 1910, frase censurada por Brod).

Os romances do século XIX, apesar de saberem analisar magistralmente todas as estratégias amorosas, deixavam ocultos a sexualidade e o próprio ato sexual. Nas primeiras décadas do século XX, a sexualidade sai das brumas da paixão romântica. Kafka foi um dos primeiros (certamente com Joyce) a descobri-la em seus romances. Ele não nos revela a sexualidade como território de jogos destinados a um pequeno círculo de libertinos (à maneira do século XVIII), mas como uma realidade banal e fundamental da vida de cada um de nós. Kafka revela os aspectos existenciais da sexualidade: a sexualidade opondo-se ao amor; as diferenças do outro como condição, como exigência da sexualidade; a ambiguidade da sexualidade: seus aspectos excitantes e ao mesmo tempo repugnantes; sua terrível insignificância que não diminui absolutamente seu poder assustador.

Brod era um romântico. Ao contrário disso, acredito ver em Kafka um antirromantismo profundo; ele se manifesta em tudo: na maneira de Kafka ver a sociedade, assim como em sua maneira de construir uma frase; mas talvez sua origem se encontre na visão que Kafka teve da sexualidade.

6

O jovem Karl Rossmann (protagonista de *Amerika*) é expulso do lar paterno e mandado para a América por causa de seu infeliz acidente sexual com uma criada que "tivera um filho seu".* Antes do coito: "Karl, oh meu Karl!", exclamava a criada, "ao passo que ele não via absolutamente nada e se sentia desconfortável em meio à roupa de cama quente, que ela parecia ter amontoado única e exclusivamente para ele...". Depois, ela "sacudiu-o, auscultando seu coração, oferecendo o próprio peito para que ele escutasse também". Em seguida, "procurou com a mão de uma maneira tão repulsiva entre suas pernas, que Karl esticou a cabeça e o pescoço para fora dos travesseiros". Finalmente, "ela então empurrou algumas vezes sua barriga contra ele — ele teve a sensação de que ela fosse parte de si mesmo, e talvez por esse motivo foi tomado por uma terrível sensação de desamparo".

Essa modesta cópula é a causa de tudo que vai se seguir no romance. Tomar consciência de que nosso destino é determinado por alguma coisa inteiramente insignificante é deprimente. Mas toda revelação de uma insignificância inesperada é ao mesmo tempo fonte de comicidade. *Post coitum omne animal triste.* Kafka foi o primeiro a descrever a comicidade dessa tristeza.

O lado cômico da sexualidade: ideia inaceitável para os puritanos assim como para os neolibertinos. Penso em D. H. Lawrence, esse arauto de eras, esse evangelista do coito que, em *O amante de lady Chatterley*, tenta reabilitar a sexualidade tornando-a lírica. Mas a

---

* Tradução de Susana Kampff Lages. São Paulo: Ed. 34, 2003. (N. E.)

sexualidade lírica é ainda muito mais risível que o sentimentalismo lírico do século passado.

A joia erótica de *Amerika* é Brunelda. Ela fascinou Federico Fellini. Há muito tempo, ele sonhava em fazer um filme de *Amerika*, e, em *Entrevista*, ele nos mostrou a cena da seleção para o elenco desse filme sonhado: aparecem muitas candidatas inacreditáveis para o papel de Brunelda, escolhidas por Fellini com aquele exuberante prazer que conhecemos. (Insisto: esse prazer exuberante era também o de Kafka. Pois Kafka não *sofreu* por nós! *Divertiu*-se por nós!)

Brunelda, antiga cantora, a "muito frágil" que tem "gota nas pernas". Brunelda, com as mãozinhas gordas, queixo duplo, "corpo excessivamente obeso". Brunelda que, sentada com as pernas abertas, "ofegante e fazendo muitas pausas para descansar", inclina-se "até a parte superior de suas meias". Brunelda, que puxa para cima seu vestido e, com a barra, seca os olhos de Robinson, que está chorando. Brunelda, incapaz de subir dois ou três degraus, que tem de ser carregada — espetáculo que impressionou tanto Robinson que, por toda a vida, vai suspirar: "Ai, meu Deus, ai, meu Deus, como ela estava linda! Que mulher!". Brunelda de pé na banheira, nua, lavada por Delamarche, queixando-se e gemendo. Brunelda deitada na mesma banheira, furiosa e dando socos na água. Brunelda, que dois homens levarão duas horas para levar escada abaixo, colocar na cadeira de rodas que Karl vai empurrar pela cidade para um lugar misterioso, provavelmente um bordel. Brunelda que, nesse veículo, está tão completamente coberta por um xale que um policial pensa tratar-se de vários sacos de batatas.

O que é novo no desenho dessa feiura gorda é que ela é atraente; morbidamente atraente, ridiculamente atraente, mas no entanto atraente; Brunelda é um monstro de sexualidade na fronteira do repugnante e do excitante; e os gritos de admiração dos homens não são apenas cômicos (eles *são* cômicos, claro, a sexualidade *é* cômica!), mas ao mesmo tempo inteiramente verdadeiros. Não é de se espantar que Brod, adorador romântico das mulheres, para quem o coito não era realidade mas "símbolo do sentimento", não tenha conseguido ver nada de verdadeiro em Brunelda, nem sombra de uma experiência verdadeira, mas apenas a descrição das "horríveis punições destinadas àqueles que não seguem o bom caminho".

7

A mais bela cena erótica que Kafka escreveu está no terceiro capítulo de *O castelo*: o ato de amor entre K. e Frieda. Apenas uma hora depois de ver pela primeira vez essa "lourinha insignificante", ele a aperta atrás do balcão "em cima das poças de cerveja e no meio de outras sujeiras que cobriam o chão". A sujeira: inseparável da sexualidade, da sua essência.

Mas, logo depois, no mesmo parágrafo, Kafka nos revela a poesia da sexualidade: "Nisso passavam as horas, horas de hálitos comuns, de corações batendo juntos, horas em que K. não parava de sentir que se abandonava, ou então que estava mais longe, no mundo em que ninguém estivera antes, num mundo estrangeiro em que o próprio ar não tinha nenhum elemento do ar de sua terra natal, em que deveria ficar sufocado de estranheza e no qual nada podia fazer, no meio de seduções insensatas, a não ser entregar-se, continuar a se abandonar".

A duração do coito se transforma em metáfora de uma marcha sob o sol da singularidade. E, no entanto, essa marcha não é feiura; ao contrário, ela nos atrai, convida-nos a ir mais longe, ela nos embriaga: ela é beleza. Algumas linhas adiante: "Ele estava feliz demais de ter Frieda entre suas mãos, ansiosamente feliz também, pois parecia-lhe que se Frieda abandonasse tudo o que possuía o estaria abandonando". Afinal, isso é amor? Não, não é amor; se estamos banidos de tudo, desprovidos de tudo, uma mulherzinha que mal se conhece, possuída no meio de poças de cerveja, torna-se um universo inteiro — sem nenhuma intervenção do amor.

8

André Breton, em seu *Manifestos do surrealismo*, mostra-se severo em relação à arte do romance. Censura-lhe estar incuravelmente repleta de mediocridade, de banalidade, de tudo que é contrário à poesia. Ridiculariza suas descrições e também sua tediosa psicologia. Essa crítica do romance é seguida imediatamente pelo elogio dos sonhos. Em seguida, resume: "Creio na harmonia futura dessas duas condições, aparentemente tão contraditórias, que são o sonho e a realidade, numa espécie de realidade absoluta, de surrealismo, se assim se pode dizer".

Paradoxo: essa "solução do sonho e da realidade", que os surrealistas proclamaram sem realmente saber concretizá-la numa grande obra literária, já tinha acontecido precisamente nesse gênero que eles desconsideravam: nos romances de Kafka escritos na década precedente.

É muito difícil descrever, definir, dar nome a essa espécie de imaginação com que Kafka nos envolve. Fusão de sonho e realidade, essa fórmula que Kafka evidentemente não conheceu parece-me reveladora. Do mesmo modo que uma outra frase favorita dos surrealistas, essa de Lautréamont, sobre a beleza do encontro ocasional de um guarda-chuva com uma máquina de costura: quanto mais desencontradas são as coisas, mais mágica é a luz que emana do contato entre elas. Gostaria de falar de uma poética da surpresa; ou da beleza como perpétuo espanto. Ou então usar como critério de valor a noção de *densidade*: densidade da imaginação, densidade dos encontros inesperados. A cena que mencionei, do coito de K. e de Frieda, é um exemplo dessa vertiginosa densidade: o curto trecho, que mal chega a uma página, abrange três descobertas existenciais diferentes umas das outras (o triângulo existencial da sexualidade) que nos espanta com sua rápida sequência: a sujeira; a embriagadora beleza sombria do incompreensível; a comovente e inquieta nostalgia.

Todo o terceiro capítulo é um turbilhão do inesperado: num espaço relativamente pequeno, se sucedem: o primeiro encontro de K. e de Frieda no albergue; o diálogo extraordinariamente realista da sedução disfarçada, ocasionada pela presença da terceira pessoa (Olga); o motivo de um buraco na porta (motivo banal que decorre de uma verossimilhança empírica) por onde K. vê Klamm dormir atrás da escrivaninha; os muitos empregados que dançam com Olga; a surpreendente crueldade de Frieda, que os expulsa com um chicote, e o medo surpreendente com que obedecem; a dona do albergue que chega enquanto K. se esconde, deitando-se atrás do balcão; a chegada de Frieda, que descobre K. no chão e nega sua presença à dona do albergue (ao mesmo tempo que, com o pé, acaricia amorosamente o peito de K.); o ato de amor interrompido pelo chamado de Klamm, que do outro lado da porta havia acordado; e o gesto extraordinariamente corajoso de Frieda, gritando para Klamm: "Estou com o agrimensor!"; e, depois, o cúmulo (aí saímos completamente da verossimilhança empírica): em cima deles sobre o balcão estão sentados os dois auxiliares; eles os estavam observando o tempo todo.

9

Os dois auxiliares do castelo são talvez o maior achado poético de Kafka, a beleza de sua fantasia; não apenas a existência deles é infinitamente espantosa, mas é também repleta de significados: são uns chantagistas, são detestáveis; mas também representam toda a "modernidade" ameaçadora do mundo do castelo: são "tiras", repórteres, fotógrafos: agentes da destruição total da vida privada, são os palhaços inocentes atravessando o palco do drama; mas são também os voyeurs lúbricos cuja presença insufla no romance inteiro um perfume sexual de uma promiscuidade suja e kafkescamente cômica.

Mas, sobretudo: a invenção desses dois auxiliares é uma espécie de alavanca que impulsiona a história para esse domínio em que tudo é estranhamente real e irreal, possível e impossível. Capítulo 12: K., Frieda e seus dois auxiliares acampam numa sala de escola primária transformada em quarto de dormir. A professora e os alunos entram na hora em que o inacreditável grupo está começando a fazer sua toalete matinal; vestem-se atrás das cobertas estendidas em cima das barras paralelas, enquanto os alunos se divertem, intrigados, curiosos (eles também voyeurs), observando-os. É mais do que o encontro de um guarda-chuva com uma máquina de costura. É o encontro soberbamente desconcertante de dois espaços: uma sala de aula de curso primário e um quarto suspeito.

Essa cena de uma imensa poesia cômica (que deveria figurar com destaque numa antologia da modernidade do romance) seria impensável na época anterior a Kafka. Totalmente impensável. Se insisto é para lhes revelar toda a radicalidade da revolução estética de Kafka. Lembro-me de uma conversa de vinte anos atrás com Gabriel García Márquez, que me disse: "Foi Kafka quem me fez compreender que se podia escrever de outra maneira". Em outras palavras, isso significava: atravessando a fronteira do verossímil. Não para evadir-se do mundo real (à maneira dos românticos), mas para melhor apreendê-lo.

Pois apreender o mundo real faz parte da própria definição do romance; mas como apreendê-lo e, ao mesmo tempo, entregar-se a um fascinante jogo de fantasia? Como ser rigoroso na análise do mundo e, ao mesmo tempo, ser irresponsavelmente livre em seus sonhos lúdicos? Como unir esses dois extremos incompatíveis? Kafka soube resolver esse imenso enigma. Abriu uma brecha no muro do verossímil; a brecha pela qual muitos outros o seguiram, cada um a seu modo: Fellini, Márquez, Fuentes, Rushdie. E outros, e outros.

Ao diabo com o Santo Garta! Sua sombra castradora tornou invisível um dos maiores poetas do romance de todos os tempos.

TERCEIRA PARTE
Improviso em homenagem a Stravínski

O APELO DO PASSADO

Numa conferência no rádio, em 1931, Schönberg fala de seus mestres: "*In erster Linie Bach und Mozart; in zweiter Beethoven, Wagner, Brahms*" ["Em primeiro lugar, Bach e Mozart; em segundo, Beethoven, Wagner, Brahms"]. Em frases condensadas, aforísticas, define em seguida o que aprendeu com cada um desses cinco compositores.

Entre a referência a Bach e a referência aos outros há, no entanto, uma diferença muito grande: com Mozart, por exemplo, ele aprende "a arte das frases de tamanho desigual" ou "a arte de criar ideias secundárias", isto é, uma habilidade inteiramente individual que só pertence mesmo a Mozart. Em Bach, descobre princípios que também haviam sido os de toda a música dos séculos anteriores ao de Bach: *primo*, "a arte de inventar grupos de notas tais que são capazes de se acompanhar a si mesmos"; e *secundo*, "a arte de criar o todo a partir de um só núcleo", "*die Kunst, alles aus einern erzeugen*".

Nas duas frases que resumem a lição que Schönberg aprendeu de Bach (e de seus predecessores), se poderia definir toda a revolução dodecafônica: ao contrário da música clássica e da música romântica, compostas em função da alternância de diferentes temas musicais que se sucedem uns aos outros, a fuga de Bach e a composição dodecafônica, do princípio ao fim, desenvolvem-se a partir de um só núcleo, que é melodia e acompanhamento ao mesmo tempo.

Vinte e três anos mais tarde, quando Roland-Manuel pergunta a Stravínski: "Quais são no momento suas preocupações mais importantes?", ele responde: "Guillaume de Machaut, Heinrich Isaac, Dufay, Pérotin e Webern". É a primeira vez que um compositor proclama tão nitidamente a imensa importância da música dos séculos XII, XIV e XV e a aproxima da música moderna (da música de Webern).

Alguns anos depois, Glenn Gould realiza em Moscou um concerto para os estudantes do conservatório; depois de tocar Webern, Schönberg e Krenek, dirige-se a seus ouvintes com um pequeno comentário e diz: "O mais belo cumprimento que posso fazer a esta música é dizer que os princípios que nela encontramos não são novos, que têm pelo menos quinhentos anos"; depois, continua com três fugas de Bach. Era uma provocação bem pensada: o realismo socialista, então doutrina oficial na Rússia, combatia o modernismo em nome da música tradicional; Glenn Gould quis mostrar que as raízes da música moderna (proibida na Rússia comunista) penetram bem mais fundo do que as da música oficial do realismo socialista (que nada mais era, na realidade, que uma forma de preservação artificial do romantismo musical).

OS DOIS MEIOS-TEMPOS

A história da música europeia tem cerca de um milênio de idade (se vejo seu início nas primeiras tentativas da polifonia primitiva). A história do romance europeu (se vejo seu início na obra de Rabelais e na de Cervantes), cerca de quatro séculos. Quando penso nessas duas histórias, não consigo me livrar da impressão de que ambas se desenvolveram de acordo com ritmos semelhantes, por assim dizer, em dois meios-tempos. As cesuras entre os meios-tempos, na história da música e na do romance, não são sincrônicas. Na história da música, a cesura se estende por todo o século XVIII (com o apogeu simbólico da primeira metade marcado por *A arte da fuga*, de Bach, e o começo da segunda, pelas obras dos primeiros clássicos); a cesura na história do romance chega um pouco mais tarde: entre os séculos XVIII e XIX, a saber entre, de um lado, Laclos, Sterne, e, do outro, Scott e Balzac. Essa ausência de sincronia prova que as causas mais profundas que regem o ritmo da história das artes não são sociológicas ou políticas, mas estéticas: ligadas ao caráter intrínseco dessa ou daquela arte; como se a arte do romance, por exemplo, contivesse duas possibilidades diferentes (duas maneiras diferentes de ser romance) que não pudessem ser exploradas ao mesmo tempo, paralelamente, mas sim sucessivamente, uma depois da outra.

A ideia metafórica dos dois meios-tempos veio-me no passado, durante uma conversa amistosa, e não pretende ter nenhuma cientificidade; é uma experiência banal, elementar, ingenuamente evidente: no que se refere à música e ao romance, somos todos educados na estética do segundo meio-tempo. Para um melômano médio, uma missa de Ockeghem ou *A arte da fuga* de Bach são tão difíceis de compreender quanto a música de Webern. Por mais cativantes que sejam suas histórias, os romances do século XVIII intimidam o leitor por sua forma, se bem que sejam muito mais conhecidos pelas adaptações cinematográficas (que desfiguram fatalmente seu espírito e sua forma) do que pelo texto. Os livros do romancista mais célebre do século XVIII, Samuel Richardson, não são encontrados nas livrarias e estão praticamente esquecidos. Balzac, ao contrário, mesmo que possa parecer antiquado, é sempre fácil de ler, sua forma é compreensível, familiar ao leitor e, mais, é para ele o próprio modelo da forma romanesca.

O fosso que existe entre as estéticas dos dois meios--tempos é a causa de uma série de mal-entendidos. Vladimir Nabokov, em seu livro consagrado a Cervantes, emite uma opinião provocadoramente negativa sobre *Dom Quixote*: livro superestimado, ingênuo, repetitivo e cheio de uma insuportável e inverossímil crueldade; essa "hedionda crueldade" fez desse livro uma das obras "mais duras e bárbaras já escritas"; o pobre Sancho, passando de uma surra à outra, perde todos os dentes pelo menos cinco vezes. Sim, Nabokov tem razão: Sancho perde dentes demais, mas não estamos lendo Zola, em que uma crueldade, descrita com exatidão e em detalhes, se torna documento verdadeiro de uma realidade social; com Cervantes, estamos num mundo criado pelos sortilégios do narrador, que inventa, que exagera e se deixa levar por suas fantasias, por seus excessos; os 103 dentes quebrados de Sancho não podem ser levados ao pé da letra, como nada nesse romance, aliás. "'Senhora, um rolo compressor passou sobre sua filha!' 'Tudo bem, estou no banho. Passe-a por baixo da porta.'" Será que deveríamos condenar a crueldade dessa velha piada tcheca de minha infância? A grande obra básica de Cervantes foi inspirada pelo espírito da não seriedade, espírito que, desde então, se tornou incompreensível por causa da estética romanesca do segundo meio-tempo e pelo seu imperativo da verossimilhança.

O segundo meio-tempo não apenas eclipsou o primeiro, ele o *reprimiu*; o primeiro meio-tempo tornou-se a má consciência do romance e sobretudo da música. A obra de Bach é o mais célebre exemplo disso: a fama de Bach em vida; o esquecimento em que Bach caiu depois de sua morte (esquecimento que durou meio século); a lenta redescoberta de Bach durante todo o século XIX. Beethoven foi o único que, perto do final de sua vida (ou seja, setenta anos depois da morte de Bach), quase conseguiu integrar a experiência de Bach à nova estética da música (suas repetidas tentativas para inserir a fuga na sonata), ao passo que, depois de Beethoven, quanto mais os românticos adoravam Bach, mais seu pensamento estrutural fazia com que se afastassem dele. Para torná-lo mais acessível, foi subjetivado, sentimentalizado (os célebres arranjos de Busoni); depois, reagindo a essa romantização, quiseram reencontrar sua música tal como era tocada em sua época, o que deu margem a interpretações de notável insipidez. Tendo passado pelo deserto do esquecimento, a música de Bach, parece-me, mantém sempre seu rosto meio encoberto.

HISTÓRIA COMO PAISAGEM QUE SURGE DAS BRUMAS

Em vez de falar do esquecimento de Bach, eu poderia torcer minha ideia e dizer: Bach é o primeiro grande compositor que, pelo imenso peso de sua obra, obrigou o público a levar sua música em consideração, apesar de esta já pertencer ao passado. Acontecimento sem precedente, pois, até o século xix, a sociedade vivia quase exclusivamente com a música de sua própria época. Esta não tinha contato vivo com o passado musical: mesmo que os músicos tivessem estudado (raramente) a música das épocas precedentes, não tinham o hábito de executá-la em público. É durante o século xix que a música do passado começa a reviver ao lado da música contemporânea e a tomar progressivamente mais e mais espaço, a tal ponto que no século xx a relação entre o presente e o passado se inverte: escutamos a música de épocas antigas muito mais do que a música contemporânea, que, hoje, acabou abandonando quase por completo as salas de concerto.

Bach foi portanto o primeiro compositor que se impôs à memória da posteridade; com ele, a Europa do século xix descobriu não apenas uma parte importante do passado da música, ela descobriu a história da música. Pois Bach não era para ela um passado qualquer, mas um passado radicalmente diferente do presente; assim, o tempo da música revelou-se de repente (e pela primeira vez) não como uma simples sucessão de obras, mas como uma sucessão de mudanças, de épocas, de estéticas diferentes.

Imagino Bach muitas vezes, no ano de sua morte, exatamente no meio do século xviii, a vista embaçada, curvado sobre *A arte da fuga*, uma música cuja orientação estética representa em sua obra (que comporta múltiplas orientações) a tendência mais arcaica, estranha à sua época, que já tinha se afastado completamente da polifonia em direção a um estilo mais simples, até simplista, que beira muitas vezes a frivolidade ou a indigência.

A situação histórica da obra de Bach revela portanto aquilo que as gerações que vieram depois estavam em vias de esquecer, a saber, que a História não é necessariamente um caminho ascendente (em direção ao mais rico, ao mais culto), que as exigências da arte podem estar em contradição com as exigências do dia (dessa ou daquela modernidade) e que o novo (o único, o inimitável, o que nunca foi dito) pode ser encontrado numa direção diferente daquela traçada por aquilo que todo mundo sente como sendo o progresso. Com efeito, Bach pôde ler na arte de seus contemporâneos e dos mais jovens do que ele um futuro que deveria parecer, a seus olhos, uma queda. Quando, no fim de sua vida, ele concentrou-se exclusivamente na polifonia pura, deu as costas às preferências do tempo e a seus próprios filhos-compositores; foi um gesto de desafio para com a História, uma recusa tácita do futuro.

Bach: extraordinária encruzilhada das tendências e dos problemas históricos da música. Uns cem anos antes dele, uma encruzilhada semelhante pode ser encontrada na obra de Monteverdi. Esta é o ponto de encontro de duas estéticas opostas (Monteverdi denomina-as *prima* e *seconda pratica*, uma baseada na polifonia erudita, a outra, programaticamente expressiva, na monodia) e prenuncia assim a passagem do primeiro ao segundo meio-tempo.

Outra extraordinária encruzilhada de tendências históricas: a obra de Stravínski. O passado milenar da música que, durante todo o século XIX, saía lentamente das brumas do esquecimento apareceu de súbito, por volta do meio do século XX (duzentos anos depois da morte de Bach), como uma paisagem inundada de luz, em toda a sua extensão; momento único em que toda a história da música está totalmente presente, totalmente acessível, disponível (graças às pesquisas historiográficas, graças aos meios técnicos, ao rádio, aos discos), totalmente aberta às questões que investigam seu sentido; a meu ver, é na música de Stravínski que esse momento do grande inventário encontra seu monumento.

O TRIBUNAL DOS SENTIMENTOS

A música é "impotente para expressar o que quer que seja: um sentimento, uma atitude, um estado psicológico", diz Stravínski em *Chronicle of My Life* (1936). Essa afirmação (certamente exagerada, pois como negar que a música pode provocar sentimentos?) é definida e nuançada algumas linhas adiante: a *razão de ser* da música, diz Stravínski, não reside na sua faculdade de expressar os sentimentos. É curioso constatar quanta irritação essa atitude provocou.

A convicção que, ao contrário de Stravínski, via a razão de ser da música na expressão dos sentimentos provavelmente sempre existiu, mas impôs-se como dominante, comumente aceita e difundindo-se por si mesma, no século XVIII; Jean-Jacques Rousseau formula-a com uma simplicidade brutal: a música, como qualquer arte, imita o mundo real, porém de um modo específico: ela "não representará diretamente as coisas, mas provocará na alma os mesmos movimentos que experimentamos ao vê-las". Isso exige da obra musical uma certa estrutura; Rousseau: "Toda a música só pode ser constituída destas três coisas: melodia ou canto, harmonia ou acompanhamento, movimento ou compasso". Friso bem: harmonia *ou* acompanhamento; isso quer dizer que tudo está subordinado à melodia: ela é primordial, a harmonia é um simples acompanhamento "que tem muito pouco poder sobre o coração humano".

A doutrina do realismo socialista, que dois séculos mais tarde sufocará por mais de meio século a música na Rússia, não afirmava outra coisa. Criticavam-se os compositores ditos formalistas por terem negligenciado as melodias (o ideólogo-chefe Jdanov indignava-se porque a música deles não podia ser assobiada na saída do concerto); eram exortados a expressar "todo o leque dos sentimentos humanos" (a música moderna, a partir de Debussy, foi fustigada por sua incapacidade para fazê-lo); na faculdade de expressar os sentimentos que a realidade provoca no homem, via-se (exatamente como Rousseau) o "realismo" da música. (O realismo socialista na música: os princípios do segundo meio-tempo transformados em dogmas para construir uma barreira ao modernismo.)

A crítica mais severa e mais profunda a Stravínski é certamente a de Theodor Adorno em seu famoso livro *Filosofia da nova música* (1949). Adorno pinta a situação da música como se fosse um campo de batalha político: Schönberg, herói positivo, representando o progresso (mesmo que se trate de um progresso, por assim dizer, trágico, de uma época em que não se pode mais progredir), e Stravínski, herói negativo, representante da restauração. A recusa stravinskiana de ver a razão de ser da música na confissão subjetiva torna-se um dos alvos da crítica de Adorno; esse "furor antipsicológico" é, segundo ele, uma forma "de indiferença em relação ao mundo"; a vontade de Stravínski de objetivar a música é uma espécie de acordo tácito com a sociedade capitalista que esmaga a subjetividade humana; pois é a "liquidação do indivíduo que a música de Stravínski celebra", nada menos que isso.

Ernest Ansermet, excelente músico, regente e um dos primeiros intérpretes da obra de Stravínski ("um dos meus amigos mais fiéis e devotados", disse Stravínski em *Chronicle of My Life*), tornou-se mais tarde seu crítico implacável; suas objeções são radicais, visam "a razão de ser da música". Segundo Ansermet, "a atividade afetiva latente no coração do homem [...] sempre foi a fonte da música"; na expressão dessa "atividade afetiva" reside a "essência ética" da música; em Stravínski, que "se recusa a engajar sua pessoa no ato de expressão musical", a música "deixa de ser portanto uma expressão estética da ética humana"; assim, por exemplo, "sua *Missa* não é a expressão, mas o *retrato* da missa (que) poderia muito bem ter sido escrito por um músico não religioso" e que, consequentemente, traz apenas "uma religiosidade de confecção"; escamoteando assim a verdadeira razão de ser da música (substituindo a confissão por retratos), Stravínski falha em nada menos do que seu dever ético.

Por que essa intransigência? Será a herança do século passado, o romantismo em nós, que se revolta contra sua mais consequente, sua mais perfeita negação? Teria Stravínski ultrajado uma necessidade existencial escondida em todos e em cada um de nós? Seria a necessidade de considerar olhos molhados melhores que olhos secos, a mão pousada sobre o coração melhor que a mão no bolso, a fé melhor que o ceticismo, a paixão melhor que a serenidade, a confissão melhor que o conhecimento?

Ansermet passa da crítica da música para a crítica de seu autor: se Stravínski "não fez nem tentou fazer de sua música um ato de expressão de si mesmo, não foi por livre escolha, mas por uma espécie de limitação de sua natureza, pela falta de autonomia de sua atividade afetiva (por que não dizer, por sua pobreza de coração, que não deixa de ser pobre a não ser quando tem alguma coisa para amar)".

Diabo! O que sabia ele, Ansermet, o amigo mais fiel, da pobreza de coração de Stravínski? Que sabia ele, o amigo mais devotado, de sua capacidade de amar? E de onde tirava ele a certeza de que o coração é eticamente superior ao cérebro? Não são as baixezas cometidas tanto com a participação do coração quanto sem ela? Não podem os fanáticos, com as mãos manchadas de sangue, vangloriar-se de uma grande "atividade afetiva"? Será que um dia terminaremos finalmente com essa inquisição sentimental imbecil, com esse terror do coração?

O QUE É SUPERFICIAL E O QUE É PROFUNDO?

Os combatentes do coração atacam Stravínski ou, para salvar sua música, procuram separá-la das concepções "errôneas" de seu autor. Essa boa vontade de "salvar" a música dos compositores suscetíveis de não ter bastante coração manifesta-se com muita frequência em relação aos músicos do primeiro meio-tempo, inclusive Bach:

> Os epígonos do século XX que *tiveram medo* da evolução da linguagem musical [é Stravínski, com sua recusa em seguir a escola dodecafônica, que é visado, MK] e que acreditaram salvar *sua esterilidade* com aquilo que chamaram o "retorno a Bach" enganaram-se profundamente sobre a música

deste último; *tiveram a audácia* de apresentá-la como uma música "objetiva", absoluta, não tendo outro significado senão o puramente musical [...] apenas execuções mecânicas puderam, numa certa época de *desprezível* purismo, fazer crer que a música instrumental de Bach não era subjetiva e expressiva.

Eu mesmo assinalei os termos que comprovam o caráter apaixonado desse texto, de 1963, de Antoine Goléa.

Por acaso, encontro um pequeno comentário de outro musicólogo; diz respeito ao grande contemporâneo de Rabelais, Clément Janequin, e de suas composições ditas "descritivas", como por exemplo *O canto dos pássaros* ou *Le Caquet des femmes* [A tagarelice das mulheres]; a intenção de "salvamento" é semelhante (assinalo eu mesmo as palavras-chave):

> Essas peças, todavia, continuam sendo bastante *superficiais*. Ora, Janequin é um artista bem mais completo do que se diz, pois, além de seus *inegáveis dons pitorescos*, encontramos nele uma *terna poesia, um fervor penetrante na expressão dos sentimentos* [...]. É um poeta refinado, sensível às belezas da natureza; é também *um incomparável enaltecedor das mulheres*, para as quais encontra, ao mencioná-las, *referências de ternura, de admiração, de respeito.*

Lembrando bem o vocabulário: os polos do bem e do mal são designados pelo adjetivo *superficial* e seu contrário subentendido, *profundo*. As composições "descritivas" de Janequin seriam realmente superficiais? Nessas referidas composições, Janequin transcreve sons amusicais (o canto dos passarinhos, o falatório das mulheres, a barulheira das ruas, os ruídos de uma caçada ou de uma batalha etc.) por meios musicais (pelo canto coral); essa "descrição" é trabalhada polifonicamente. A união de uma imitação "naturalista" (que dá a Janequin admiráveis sonoridades novas) e de uma sábia polifonia, união portanto de dois extremos quase incompatíveis, é fascinante: eis uma arte refinada, lúdica, alegre e cheia de humor.

Nada impede: são precisamente as palavras "refinada", "lúdica", "alegre", "humor" que o discurso sentimental coloca em oposição ao profundo. Mas o que é profundo e o que é superficial? Para o crítico de Janequin, são superficiais os "dons pitorescos", a "descrição"; são profundos o "fervor penetrante na expressão dos sentimentos", as "referências de ternura, de admiração, de respeito" pela mulher. É portanto profundo o que se refere aos sentimentos. Mas podemos definir o profundo de outro modo: é profundo aquilo que se refere ao essencial. O problema que Janequin aborda em suas composições é o problema ontológico fundamental da música: o problema da relação do ruído com o som musical.

MÚSICA E BARULHO

Quando o homem criou um som musical (cantando ou tocando um instrumento), dividiu o mundo acústico em duas partes estritamente separadas: a dos sons naturais e a dos sons artificiais. Janequin tentou, com sua música, colocá-los em contato. No meio do século XVI, antecipou o que iriam fazer no século XX, por exemplo, Janáček (seus estudos com a linguagem falada), Bartók, ou, de modo extremamente sistemático, Messiaen (suas composições inspiradas nos cantos dos pássaros).

A arte de Janequin mostra que existe um universo acústico exterior à alma humana que não é somente composto de barulhos da natureza mas também de vozes humanas que falam, gritam, cantam e dão carne sonora à vida de todos os dias, como nas festas. Ele lembra que o compositor tem toda possibilidade de dar a esse universo "objetivo" uma grande forma musical.

Uma das composições mais originais de Janáček: *Sedmdesát tisíc* [Setenta mil] (1909): um coro para vozes masculinas que fala sobre o destino dos mineiros da Silésia. A segunda metade dessa obra (que deveria figurar em todas as antologias de música moderna) é uma explosão de gritos da multidão, gritos que se misturam num fascinante tumulto: uma composição que (apesar de sua inacreditável emotividade dramática) se aproxima curiosamente dos madrigais que, na época de Janequin, puseram música nos gritos de Paris, nos gritos de Londres.

Penso em *As bodas* de Stravínski (compostas entre 1914 e 1923): *um retrato* (esse termo que Ansermet utiliza como pejorativo é, na verdade, muito apropriado) de um casamento camponês; ouvem-se canções, barulhos, discursos, gritos, chamados, monólogos, brincadeiras (tumultos de vozes pronunciadas por Janáček) numa orquestração (quatro pianos e percussão) de uma brutalidade fascinante (que prenuncia Bartók).

Penso também na suíte para piano *Szabadban* [Ao ar livre] (1926) de Bartók; a quarta parte: os ruídos da natureza (vozes, parece-me, de rãs perto de um lago) sugerem a Bartók motivos melódicos de rara estranheza; depois, com essa sonoridade animal, confunde-se uma canção popular, que, apesar de ser criação humana, se encontra no mesmo plano dos sons das rãs; não é um lied, canção do romantismo destinada a revelar a "atividade afetiva" da alma do compositor; é uma melodia vinda do exterior como ruído entre ruídos.

E penso no adágio do terceiro *Concerto para piano e orquestra* de Bartók (obra de sua última fase, sua triste fase americana). O tema hipersubjetivo de uma inefável melancolia alterna-se aqui com outro tema hiperobjetivo (que aliás lembra a quarta parte da suíte *Szabadban*): como se o pranto de uma alma só pudesse ser consolado pela não sensibilidade da natureza.

Repito: "consolado pela não sensibilidade da natureza". Pois a não sensibilidade é consoladora; o mundo da não sensibilidade é o mundo de fora da vida humana; é a eternidade; "é o mar que vai em direção ao sol". Lembro-me dos anos tristes que passei na Boêmia no começo da ocupação russa. Apaixonei-me na época por Varèse e Xenakis: aquelas imagens de mundos sonoros objetivos mas não existentes falaram-me do ser liberado da subjetividade humana, agressiva e sufocante; falaram-me da beleza docemente desumana do mundo de antes ou de depois da passagem dos homens.

MELODIA

Ouço um canto polifônico para duas vozes da escola de Notre-Dame de Paris, do século XII: embaixo, em valores aumentados, como um *cantus firmus*, um antigo canto gregoriano (canto que remonta a um passado imemorial e provavelmente não europeu); acima, em valores mais breves, evolui a melodia de acompanhamento polifônico. Essa união de duas melodias, cada uma pertencendo a uma época diferente (distanciadas entre si por alguns séculos), tem algo de maravilhoso: como realidade e ao mesmo tempo como parábola, eis aí o nascimento da música europeia como arte: uma melodia é criada para seguir como contraponto a uma outra melodia, muito antiga, de origem quase desconhecida; ela está ali, portanto, como algo secundário, subordinado, está ali para *servir*; apesar de "secundária", é no entanto nela que se concentra toda a invenção, todo o trabalho do músico medieval, a melodia acompanhada sendo retomada tal qual a de um antigo repertório.

Essa velha composição polifônica me encanta: a melodia é longa, sem fim e *imemorizável*; ela não é o resultado de uma *súbita inspiração*, ela não se originou de uma certa expressão imediata de um estado de alma; tem a característica de uma *elaboração*, de um trabalho "artesanal", de ornamentação, de um trabalho feito não para que o artista abra sua alma (mostre sua "atividade afetiva", para falar como Ansermet), mas para que ele embeleze, bem humildemente, uma liturgia.

E parece-me que a arte da melodia, até Bach, guardará essa característica que lhe deram os primeiros polifonistas. Ouço o adágio do concerto de Bach para violino em mi maior: como uma espécie de *cantus firmus*, a orquestra (os violoncelos) toca um tema simples, facilmente memorizável e que se repete, enquanto a melodia do violino (e é nisso que se concentra o desafio melódico do compositor) paira por cima, incomparavelmente mais longa, mais mutante, mais rica do que o *cantus firmus* da orquestra (ao qual, no entanto, está subordinada), bela, envolvente, mas inatingível, imemorizável e, para nós, filhos do segundo meio-tempo, sublimemente arcaica.

A situação muda nos primórdios do classicismo. A

composição perde seu caráter polifônico; nas sonoridades das harmonias de acompanhamento, a autonomia das diferentes vozes particulares se perde e perde-se ainda mais com a grande novidade do segundo meio-tempo, a orquestra sinfônica e sua massa sonora, que ganha importância; a melodia, que era "secundária", "subordinada", torna-se a ideia primeira da composição e domina a estrutura musical, que a partir daí se transforma inteiramente.

Então muda também o caráter da melodia: ela não é mais essa longa linha que atravessa todo o trecho; ela é redutível a uma fórmula de poucos compassos, fórmula muito expressiva, concentrada, portanto facilmente memorizável, capaz de apreender (ou de provocar) uma emoção imediata (impõe-se assim à música, mais do que nunca, uma grande tarefa semântica: captar e "definir" musicalmente todas as emoções e suas nuances). Eis por que o público aplica o termo de "grande melodista" aos compositores do segundo meio-tempo, a um Mozart, a um Chopin, mas raramente a Bach ou a Vivaldi e ainda menos a Josquin des Prez ou a Palestrina; a ideia corrente hoje daquilo que é melodia (daquilo que é a bela melodia) foi formada pela estética nascida com o classicismo.

No entanto, não é verdade que Bach seja menos melódico do que Mozart; apenas sua melodia é diferente. Em *A arte da fuga*, o famoso tema:

é esse núcleo a partir do qual (como disse Schönberg) o todo é criado; mas não é nele que está o tesouro melódico de *A arte da fuga*; ele está em todas as melodias que se elevam desse tema e fazem seu contraponto. Gosto muito da orquestração e da interpretação de Hermann Scherchen; por exemplo, a *quarta fuga simples*; ele faz com que seja executada duas vezes mais lentamente do que de hábito (Bach não especificou os *tempi*); imediatamente, nessa lentidão, toda a insuspeitada beleza melódica aparece. Essa *remelodização* de Bach não tem nada a ver com uma *romantização* (não há rubato, não há acordes acrescentados, em Scherchen); o que ouço é a melodia autêntica do primeiro meio-tempo, inatingível, imemorizável, irredutível a uma fórmula curta, uma melodia (uma mistura de melodias) que me enfeitiça pela sua inefável serenidade. Impossível ouvi-la sem grande emoção. Mas é uma emoção essencialmente diferente daquela que desperta um noturno de Chopin.

Como se atrás da arte da melodia se escondessem duas intencionalidades possíveis, opostas uma à outra: como se uma fuga de Bach, fazendo-nos contemplar uma beleza extrassubjetiva do ser, quisesse nos fazer esquecer nossos estados de alma, nossas paixões e tristezas, nós mesmos; e, ao contrário, como se a melodia romântica quisesse nos fazer mergulhar em nós mesmos, nos fazendo sentir nosso eu com uma terrível intensidade e nos fazendo esquecer tudo o que existe fora de nós.

AS GRANDES OBRAS DO MODERNISMO COMO REABILITAÇÃO DO PRIMEIRO MEIO-TEMPO

Os maiores romancistas do período pós-proustiano — penso notadamente em Kafka, Musil, Broch, Gombrowicz ou, da minha geração, Fuentes — foram extremamente sensíveis à estética do romance, quase esquecida, que precedeu o século XIX: eles integraram a reflexão ensaística à arte do romance; tornaram mais livre a composição; reconquistaram o direito à digressão; insuflaram no romance o espírito do não sério e do jogo; renunciaram aos dogmas do realismo psicológico criando personagens sem pretender categorizar (à maneira de Balzac) o estado civil; e sobretudo: eles se opuseram à obrigação de sugerir ao leitor a ilusão do real: obrigação que governou soberanamente todo o segundo meio-tempo do romance.

O sentido dessa reabilitação dos princípios do romance do primeiro meio-tempo não é uma volta a esse ou àquele estilo retrô; nem tampouco uma negação ingênua do romance do século XIX; o sentido dessa reabilitação é mais geral: *redefinir* e *ampliar* a própria noção do romance; opor-se à sua *redução* efetuada pela estética romanesca do século XIX; dar-lhe como base *toda* a experiência histórica do romance.

Não quero fazer um paralelo fácil entre o romance e a música, os problemas estruturais dessas duas artes são incomparáveis; no entanto, as situações históricas se assemelham: como os grandes romancistas, os grandes compositores modernos (isso diz respeito a Stravínski e também a Schönberg) quiseram abraçar *todos* os séculos da música, repensar, recompor a escala de valores de *toda* a sua história; para isso, foi preciso que fizessem a música sair da rotina do segundo meio-tempo (assinalemos, a propósito, nesse momento: o termo *neoclassicismo*, com que se rotula habitualmente Stravínski, é inadequado, pois suas mais decisivas incursões ao passado são em direção a épocas anteriores ao classicismo); daí a reticência deles: às técnicas de composição nascidas com a sonata; à preeminência da melodia; à demagogia sonora da orquestração sinfônica; mas sobretudo: à recusa deles em ver a razão de ser da música *exclusivamente* na confissão da vida emocional, atitude que se tornou no século XIX tão imperativa quanto a obrigação da verossimilhança para a arte do romance da mesma época.

Se essa tendência a reler e reavaliar toda a história da música é comum a todos os grandes modernistas (se ela é, na minha opinião, o traço que distingue a grande arte modernista do cabotinismo modernista), é todavia Stravínski que a exprime mais claramente que qualquer outro (e, diria, de maneira hiperbólica). É aliás nisso que se concentram os ataques de seus detratores: em seu esforço para enraizar-se em toda a história da música, veem ecletismo; falta de originalidade; perda de inventividade. Sua "inacreditável diversidade de procedimentos estilísticos [...] parece uma ausência de estilo", diz Ansermet. E Adorno, sarcasticamente: a música de Stravínski não se inspira apenas na música, ela é "a música sobre a música".

Julgamentos injustos: pois se Stravínski, como nenhum outro compositor, antes e depois dele, inclinou-se sobre toda a extensão da história da música tirando dela a inspiração, isso não diminui em nada a originalidade de sua obra. Não quero apenas dizer que atrás das mudanças de seu estilo perceberemos sempre os mesmos traços pessoais. Quero dizer que é precisamente seu perambular através da história da música, portanto seu "ecletismo" consciente, intencional, gigantesco e sem igual, que é sua total e incomparável originalidade.

O TERCEIRO TEMPO

Mas o que significa, em Stravínski, essa vontade de abraçar o tempo inteiro da música? Qual é o sentido disso?

Quando rapaz, não hesitava em responder: Stravínski era para mim um daqueles que abriram as portas para distâncias que eu acreditava sem fim. Pensava que, para essa *viagem infinita que é a arte moderna*, ele quisera convocar e mobilizar todas as forças, todos os meios de que a história da música dispõe.

Viagem infinita que é a arte moderna? Nesse ínterim, perdi esse sentimento. A viagem foi curta. É por isso que em minha metáfora dos dois meios-tempos durante os quais se desenrolou a história da música imaginei a música moderna como um simples "poslúdio", um epílogo da história da música, uma festa no fim da aventura, um incêndio no céu do fim do dia.

Agora, hesito: mesmo que seja verdade que o tempo da música moderna foi tão curto, mesmo que ele não tenha pertencido senão a uma ou duas gerações e, portanto, se na verdade ele não foi apenas um epílogo, por causa de sua imensa beleza, de sua importância artística, de sua estética inteiramente nova, de sua sabedoria sintetizante, não mereceria ele ser considerado como toda uma época à parte, como um *terceiro tempo*? Não deveria eu corrigir minha metáfora sobre a história da música e do romance? Não deveria dizer que elas se desenrolaram em três tempos? Sim, corrigirei minha metáfora, e com mais boa vontade ainda, porque sou apaixonadamente apegado a esse terceiro tempo em forma de incêndio do céu no fim do dia, apegado a esse tempo do qual acho que também faço parte, mesmo que faça parte de alguma coisa que já não existe.

Mas voltemos à minha pergunta: o que significa a vontade de Stravínski de abraçar o tempo inteiro da música? Qual é o sentido disso? Uma imagem me persegue: de acordo com uma crença popular, no segundo da agonia, aquele que vai morrer vê se desenrolar diante de seus olhos toda a sua vida passada. Na obra de Stravínski, a música europeia lembrou-se de sua vida milenar; esse foi seu último sonho antes de partir para um sono eterno sem sonhos.

TRANSCRIÇÃO LÚDICA

Vamos distinguir duas coisas: de um lado, a tendência geral de reabilitar os princípios esquecidos da música do passado, tendência que atravessa toda a obra de Stravínski e a dos grandes contemporâneos; do outro lado, o diálogo direto que Stravínski mantém uma vez com Tchaikóvski, uma outra vez com Pergolesi, depois com Gesualdo etc.; esses "diálogos diretos", transcrições dessa ou daquela obra antiga, desse ou daquele estilo concreto, são uma maneira própria de Stravínski, que não se encontra em praticamente nenhum dos compositores seus contemporâneos (encontramos isso em Picasso).

Adorno interpreta assim as transcrições de Stravínski (assinalo as palavras-chave):

Essas notas [a saber, as notas dissonantes, estranhas à harmonia, que Stravínski usa, por exemplo, na *Pulcinella* [Polichinelo], MK] tornam-se os traços da *violência* exercida pelo compositor contra o idioma, e é essa violência que saboreamos nelas, essa maneira de *brutalizar* a música, de atentar de certa maneira contra sua vida. Se a dissonância era antigamente a expressão do sofrimento subjetivo, sua aspereza, mudando de valor, torna-se agora a marca de uma *pressão social* cujo agente é o compositor lançador de modas. Suas obras não são feitas de material diferente dos emblemas dessa *pressão*, necessidade exterior ao sujeito, sem medida comum com ele e que lhe é simplesmente imposta de fora. Pode ser que a grande repercussão que tiveram as obras neoclássicas de Stravínski se deva em grande parte ao fato de que, sem ter consciência disso e sob as cores do estetismo, *à sua maneira elas prepararam os homens para alguma coisa que lhes foi logo infligida metodicamente no plano político.*

Recapitulemos: uma dissonância justifica-se se ela é a expressão de um "sofrimento subjetivo", mas em Stravínski (moralmente culpado, como sabemos, por não falar de seus sofrimentos) a mesma dissonância é sinal de brutalidade; que é colocada em paralelo (por um brilhante curto-circuito do pensamento de Adorno) com a brutalidade política: assim, os acordes dissonantes acrescentados à música de um Pergolesi prefiguram (e portanto preparam) a opressão política que se aproxima (o que, no contexto histórico concreto, só poderia significar uma coisa: o fascismo). Tive a minha própria experiência de transcrição livre de uma obra do passado quando, no começo dos anos 1970, enquanto estava ainda em Praga, comecei a escrever uma variação teatral sobre *Jacques o fatalista*. Como Diderot era para mim a encarnação do espírito livre, racional, crítico, vivi então minha afeição por ele como uma nostalgia do Ocidente (a ocupação russa do meu país representava a meus olhos uma "desocidentalização" imposta). Mas as coisas mudam constantemente seu sentido: hoje diria que Diderot encarnava para mim o primeiro tempo da arte do romance e que minha peça era a exaltação de alguns princípios familiares aos antigos romancistas, princípios estes que, ao mesmo tempo, me eram caros: 1) a liberdade eufórica da composição; 2) a vizinhança constante das histórias libertinas e das reflexões filosóficas; 3) o caráter não sério, irônico, paródico, chocante, dessas mesmas reflexões. A regra do jogo era clara: o que eu havia feito não era uma *adaptação* de Diderot, era a minha peça, minha variação sobre Diderot, minha homenagem a Diderot: recompus inteiramente seu romance; mesmo se as histórias de amor são tomadas dele, as reflexões nòs diálogos são mais minhas; todos podem descobrir imediatamente que existem ali frases impensáveis como sendo de autoria de Diderot; o século XVIII era otimista; o meu não é mais, eu ainda sou menos, e os personagens do Mestre e de Jacques se entregam no meu livro a negras conjecturas dificilmente imagináveis na época das luzes.

Depois dessa pequena experiência pessoal, só posso considerar tolas as opiniões sobre a brutalização e a violência de Stravínski. Ele amou seu velho mestre como amei o meu. Ao acrescentar às melodias do século XVIII as dissonâncias do século XX, talvez imaginasse que poderia interessar seu mestre no outro mundo, que lhe mostraria alguma coisa importante sobre nossa época, que até poderia diverti-lo. Tinha necessidade de dirigir-se a ele, de falar com ele. A *transcrição lúdica* de uma obra antiga era para ele uma maneira de estabelecer uma comunicação entre os séculos.

TRANSCRIÇÃO LÚDICA SEGUNDO KAFKA

Curioso romance, *Amerika* de Kafka: realmente, por que será que esse jovem prosador de 29 anos situou seu primeiro romance num continente em que jamais colocou os pés? Essa escolha mostra uma intenção clara: não fazer realismo; melhor ainda: não fazer uma coisa séria. Ele nem mesmo se esforçou para esconder sua ignorância com estudos; criou sua ideia da América baseado numa leitura de segunda ordem, baseado em imagens de Épinal, e, na verdade, a imagem da América em seu romance é feita (intencionalmente) de clichês; no que diz respeito aos personagens e à fabulação, a inspiração principal (como ele confessa em seu diário) é Dickens, especialmente seu *David Copperfield* (Kafka qualifica o primeiro capítulo de *Amerika* de "pura imitação" de Dickens): ele retoma os motivos concretos (enumera-os: "a história do guarda-chuva, dos trabalhos forçados, das casas sujas, da bem-amada numa casa de campo"), inspira-se nos personagens (Karl é uma doce paródia de David Copperfield) e sobretudo a atmosfera que banha todos os romances de Dickens: o sentimentalismo, a distinção ingênua entre os bons e os maus. Se Adorno fala da música de Stravínski como de uma "música sobre a música", *Amerika* de Kafka é uma "literatura sobre a literatura" e é até mesmo, nesse gênero, uma obra clássica, talvez fundamental.

A primeira página do romance: no porto de Nova York, Karl está saindo do navio quando se dá conta de que esqueceu seu guarda-chuva na cabine. Para poder ir buscá-lo, com uma credulidade pouco plausível, entrega sua mala (mala pesada onde está tudo que tem) a um desconhecido: claro que vai perder assim tanto a mala quanto o guarda-chuva. Desde as primeiras linhas, o espírito de paródia lúdica faz nascer um mundo imaginário em que nada é totalmente provável e em que tudo é um pouco cômico.

O castelo de Kafka, que não existe em nenhum mapa do mundo, não é mais irreal do que essa América concebida segundo a imagem-clichê da nova civilização do gigantismo e da máquina. Na casa de seu tio senador, Karl encontra uma escrivaninha que é uma máquina extraordinariamente complicada com uma centena de compartimentos obedecendo ao comando de uma centena de botões, objeto ao mesmo tempo prático e completamente inútil, ao mesmo tempo milagre técnico e absurdo. Contei nesse romance dez desses mecanismos maravilhosos, divertidos e inverossímeis, desde a escrivaninha do tio à labiríntica casa de campo, o hotel Ocidental (arquitetura monstruosamente complexa, organização diabolicamente burocrática), até o teatro de Oklahoma, esse também com uma imensa administração incompreensível. Desse modo, é por meio do jogo de paródias (do jogo com os clichês) que Kafka aborda pela primeira vez seu maior tema, o da organização social labiríntica em que o homem se perde e caminha para sua perda. (Do ponto de vista genético: é no mecanismo cômico da escrivaninha do tio que está a origem da administração aterrorizante do castelo.) Esse tema, tão grave, pôde ser captado por Kafka não através de um romance realista, fundamentado sobre um estudo da sociedade à moda de Zola, mas justamente através desse caminho aparentemente frívolo da "literatura sobre a literatura", que deu à sua imaginação toda a liberdade necessária (liberdade de exagero, de enormidades, de improbabilidades, liberdade de invenções lúdicas).

SECURA DO CORAÇÃO DISSIMULADA PELO ESTILO TRANSBORDANTE DOS SENTIMENTOS

Encontramos em *Amerika* muitos gestos sentimentais inexplicavelmente excessivos. O fim do primeiro capítulo: Karl já está pronto para partir com seu tio, o foguista fica para trás, abandonado na cabine do capitão. Foi então (assinalo as fórmulas-chave) que Karl

> dirigiu-se lentamente até o foguista, retirou a mão dele do cinto, *segurou-a na sua e ficou brincando com ela.* [...] E Karl *passou os dedos por entre os dedos do foguista*, que olhava à sua volta com olhos brilhantes, *como se experimentasse um deleite que ninguém pudesse levar a mal.*
>
> "Mas tem de se defender, dizer que sim ou que não, senão as pessoas não terão ideia de qual é a verdade. Tem de prometer que vai me obedecer, pois eu mesmo — tenho muitas razões para temer isso — não poderei mais ajudá-lo."
>
> E aí Karl *chorou enquanto beijava a mão do foguista*, pegou naquela mão lanhada, quase sem vida, *apertou-a contra suas faces, como se fosse um bem* ao qual se deve renunciar. Nesse momento, porém, o tio senador já estava a seu lado carregando-o para fora dali, *ainda que com a mais suave das pressões.*

Um outro exemplo: no fim da festa na casa de Pollunder, Karl explica longamente por que quer voltar para a casa de seu tio. "O sr. Pollunder tinha escutado com atenção todo esse discurso e, várias vezes, especialmente quando era mencionado o tio, *estreitava Karl contra si...*"

Os gestos sentimentais dos personagens não são apenas exagerados, estão deslocados. Karl conhece o motorista quando muito há uma hora, e não tem razão para estar ligado a ele de forma tão apaixonada. E se acabamos por acreditar que o rapaz está ingenuamente enternecido pela promessa de uma amizade viril, ficamos ainda mais espantados quando, um segundo depois, ele se deixa afastar para longe de seu novo amigo tão facilmente, sem resistir.

Pollunder, durante a cena da noite, sabe bem que o tio já expulsou Karl de sua casa; é por isso que o abraça tão afetuosamente. No entanto, no momento em que Karl está lendo em sua presença a carta do tio e toma conhecimento de seu destino doloroso, Pollunder não lhe manifesta mais nenhuma afeição e não lhe dá nenhuma ajuda.

Em *Amerika*, de Kafka, encontramo-nos num universo de sentimentos deslocados, malcolocados, exagerados, incompreensíveis ou, ao contrário, bizarramente ausentes. Em seu diário, Kafka caracteriza os romances de Dickens com as palavras: "Secura do coração dissimulada por um estilo transbordante de sentimentos". Eis aí, realmente, o sentido desse teatro dos sentimentos ostensivamente manifestados e imediatamente esquecidos que é esse romance de Kafka. Essa "crítica do sentimentalismo" (crítica implícita, paródica, engraçada, jamais agressiva) visa não apenas a Dickens, mas ao romantismo em geral, ela visa a seus herdeiros, contemporâneos de Kafka, notadamente os expressionistas, seu culto da histeria e da loucura; ela visa a toda a Santa Igreja do coração; e ainda uma vez aproxima um do outro, esses dois artistas aparentemente tão diferentes, que são Kafka e Stravínski.

UM MENINO EM ÊXTASE

Claro, não se pode dizer que a música (toda a música) seja incapaz de expressar os sentimentos; a da época do romantismo é autêntica e legitimamente expressiva; mas mesmo a propósito dessa música, podemos dizer: seu *valor* não tem nada em comum com a intensidade dos sentimentos que ela provoca. Pois a música é capaz de, poderosamente, despertar sentimentos sem nenhuma *arte* musical. Lembro-me da minha infância: sentado ao piano, entregava-me a improvisações apaixonadas para as quais me bastavam um acorde em *dó* menor e a subdominante *fá* menor, tocados *fortíssimo* e sem fim. Os dois acordes e o motivo melódico primitivo constantemente repetidos fizeram-me viver uma emoção intensa que nenhum Chopin, nenhum Beethoven jamais me proporcionou. (Uma vez, meu pai, músico, furioso — nunca o vi tão furioso nem antes nem depois —, apareceu no meu quarto, me levantou do tamborete e me levou para a sala de jantar para me colocar, com uma repugnância maldisfarçada, embaixo da mesa.)

O que eu vivia então, durante minhas improvisações, era um *êxtase*. O que é o êxtase? O menino batendo o teclado experimenta um entusiasmo (uma tristeza, uma alegria) e a emoção aumenta num tal grau de intensidade que se torna insustentável: o menino entra num estado de cegueira e surdez em que tudo é esquecido, e se esquece de si mesmo. Pelo êxtase, a emoção atinge seu paroxismo, e assim, simultaneamente, sua negação (seu esquecimento).

O êxtase significa estar "fora de si", como diz a etimologia da palavra grega: ação de sair de sua posição (*stasis*). Estar "fora de si" não significa que se está fora do momento presente à maneira de um sonhador que se evade em direção ao passado ou em direção ao futuro. Exatamente ao contrário: o êxtase é identificação absoluta com o instante presente, o esquecimento total de passado e futuro. Se apagamos o futuro assim como o passado, o momento presente está no espaço vazio, fora da vida e de sua cronologia, fora do tempo, independente dele. (É por isso que se pode compará-lo à eternidade, que é, ela também, a negação do tempo.)

Podemos ver a imagem acústica da emoção na melodia romântica de um lied: sua extensão parece querer sustentar a emoção, desenvolvê-la, fazê-la ser saboreada lentamente. Por outro lado, o êxtase não pode refletir-se numa melodia, pois a memória, estrangulada pelo êxtase, não é capaz de manter juntas as notas de uma frase melódica, mesmo não sendo longa; a imagem acústica do êxtase é o grito (ou: o motivo melódico muito curto que imita o grito).

O exemplo clássico do êxtase é o momento do orgasmo. Vamos nos transferir para o tempo em que as mulheres não conheciam ainda o recurso da pílula. Acontecia muitas vezes um amante, no momento do gozo, esquecer-se de escorregar a tempo do corpo de sua amante, tornando-a mãe, mesmo que, alguns momentos antes, tivesse a firme intenção de ser extremamente prudente. O segundo do êxtase tinha feito com que esquecesse sua decisão (seu passado imediato) e seus interesses (seu futuro).

Colocado sobre a balança, portanto, o instante do êxtase pesou mais do que o filho não desejado; e já que o filho não desejado preencherá, provavelmente, pela sua presença não desejada, toda a vida do amante, podemos dizer que um instante de êxtase pesou mais do que uma vida toda. A vida do amante se encontrou diante do instante do êxtase mais ou menos no mesmo estado de inferioridade que a finitude diante da eternidade. O homem deseja a eternidade, mas não pode ter senão seu ersatz: o instante de êxtase.

Lembro-me de um dia da minha mocidade: estava com um amigo no carro; diante de nós, as pessoas atravessavam a rua. Reconheci alguém de quem não gostava e mostrei-o a meu amigo: "Esmague-o!". Era, é lógico, uma brincadeira puramente verbal, mas meu amigo estava num estado de extraordinária euforia e acelerou. O homem assustou-se, escorregou, caiu. Meu amigo parou o carro no último momento. O homem não estava ferido, porém as pessoas se agruparam à nossa volta e quiseram (eu os compreendo) nos linchar. No entanto, meu amigo não tinha um coração de assassino. Minhas palavras tinham provocado nele um breve êxtase (aliás, dos mais estranhos: o êxtase de uma brincadeira).

Estamos habituados a associar a noção de êxtase aos grandes momentos místicos. Mas existe o êxtase cotidiano, banal, vulgar: o êxtase da raiva, o êxtase da velocidade ao volante, o êxtase do atordoamento pelo barulho, o êxtase nos estádios de futebol. Viver é um pesado esforço contínuo em não se perder a si mesmo de vista, em estar sempre solidamente presente em si mesmo, em sua *stasis*. Basta sair um pequeno instante de si mesmo para tocarmos o domínio da morte.

FELICIDADE E ÊXTASE

Pergunto-me se Adorno alguma vez sentiu prazer ao ouvir a música de Stravínski. Prazer? Segundo ele, a música de Stravínski conhece apenas um: "o prazer perverso da privação"; pois ela só faz se "privar" de tudo: da expressividade; da sonoridade orquestral; da técnica do desenvolvimento; lançando sobre elas um "olhar mau", ela deforma as velhas formas; "caricaturando", ela não é capaz de inventar, ela apenas "ironiza", faz "caricatura", "paródia"; não é senão a "negação" não apenas da música do século XIX, mas da música simplesmente ("a música de Stravínski é uma música da qual a música foi banida", diz Adorno).

Curioso, curioso. E a felicidade que emana dessa música?

Lembro-me da exposição Picasso em Praga em meados dos anos 1960. Um dos quadros ficou-me na memória. Uma mulher e um homem estão comendo melancia; a mulher está sentada, o homem está deitado no chão, com as pernas levantadas para o céu num gesto de indescritível alegria. Tudo isso é pintado com uma deleitável despreocupação que me fez pensar que o pintor, ao pintar o quadro, deve ter experimentado a mesma alegria que o homem que levanta as pernas.

A felicidade do pintor pintando o homem que levanta as pernas é uma felicidade desdobrada; é a felicidade de contemplar (com um sorriso) uma felicidade. É esse sorriso que me interessa. O pintor entrevê na felicidade do homem levantando as pernas para o céu uma maravilhosa gota de comicidade, e alegra-se com isso. Seu sorriso desperta nele uma imaginação alegre e irresponsável, tão irresponsável quanto o gesto do homem que levanta as pernas para o céu. A felicidade a que me refiro traz em si, portanto, a marca do humor; é isso que a diferencia da felicidade das outras épocas da arte, da felicidade romântica de um Tristão wagneriano, por exemplo, ou da felicidade idílica de um Philemon e de um Baucis. (Será por uma ausência fatal de humor que Adorno ficou tão insensível à música de Stravínski?)

Beethoven escreveu a *Ode à alegria*, mas essa alegria beethoveniana é uma cerimônia que requer uma postura de respeito. Os rondós e os minuetos das sinfonias clássicas são, se quisermos assim, um convite à dança, mas a felicidade de que falo, e à qual estou preso, não quer se mostrar felicidade pelo gesto coletivo de uma dança. É por isso que nenhuma polca me traz felicidade a não ser a *Circus polka* de Stravínski, que não foi escrita para ser dançada mas para ser escutada, com as pernas levantadas para o céu.

Existem obras na arte moderna que descobriram uma inimitável felicidade do ser, felicidade que se manifesta pela irresponsabilidade eufórica da imaginação, pelo prazer de inventar, de surpreender, até de chocar por uma invenção. Poderíamos fazer toda uma lista de obras de arte impregnadas dessa felicidade: ao lado de Stravínski (*Petrushka*, *As bodas*, *Renard* [Raposa], *Capriccio para piano e orquestra*, *Concerto para violino* etc. etc.), toda a obra de Miró, os quadros de Klee; de Dufy; de Dubuffet; certa prosa de Apollinaire, o Janáček da velhice (*Říkadla* [Rimas infantis], *Sexteto para instrumentos de sopro*, a ópera *A raposinha esperta*); algumas composições de Milhaud; e de Poulenc: segundo Apollinaire, sua ópera-bufa *Les Mamelles de Tirésias* [Os seios de Tirésias], escrita nos últimos dias da guerra, foi condenada por aqueles que achavam escandaloso celebrar a liberação com uma brincadeira; realmente, a época da felicidade (dessa felicidade rara que o humor ilumina) estava terminada; depois da Segunda Guerra Mundial, apenas os velhos mestres Matisse e Picasso souberam, contrariando o espírito do tempo, conservar o humor em sua arte.

Nessa enumeração das grandes obras da felicidade, não posso esquecer a música de jazz. Todo o repertório do jazz consiste em variações de um número relativamente limitado de melodias. Assim, em toda a música de jazz podemos entrever um sorriso que se infiltrou entre a melodia original e sua elaboração. Assim como Stravínski, os grandes mestres do jazz amavam a arte da *transcrição lúdica* e compuseram suas próprias versões não apenas das velhas canções negras, mas também de Bach, de Mozart, de Chopin; Ellington faz transcrições de Tchaikóvski e de Grieg, e, para sua *Suíte Uwis*, compõe uma variante de polca campestre que, por seu espírito, lembra *Petrushka*. O sorriso está presente, não apenas de uma maneira invisível no espaço que separa Ellington e seu "retrato" de Grieg, mas está inteiramente visível no rosto dos músicos do velho *dixieland*: quando chega o momento do solo (sempre uma parte improvisada, isto é, que sempre traz surpresas), o músico avança um pouco para depois ceder o lugar a outro músico e entregar-se ele também ao prazer de ouvir (ao prazer de ter outras surpresas).

Nos concertos de jazz aplaude-se. Aplaudir significa: ouvi atentamente e agora quero dizer que gostei. A música dita de rock muda a situação. Fato importante: nos concertos de rock não se aplaude. Seria quase um sacrilégio aplaudir e deixar perceber assim a distância crítica entre aquele que toca e aquele que escuta; ali não se está para julgar ou apreciar, mas para se entregar à música, para gritar com os músicos, para se confundir com eles; ali, procura-se a identificação, não o prazer; a efusão, não a felicidade. Ali, entra-se em êxtase: o ritmo é marcado muito forte e regularmente, os motivos melódicos são curtos e repetidos sem parar, não há contrastes dinâmicos, tudo é fortíssimo, o canto prefere os registros mais agudos e parece grito. Ali não estamos mais nos pequenos dancings em que a música envolve os casais em sua intimidade; ali estamos nas grandes salas, nos estádios, apertados uns contra os outros, e se dançamos numa boate não existem casais: cada um faz seus movimentos ao mesmo tempo, só e com todos os outros. A música transforma os indivíduos em um só corpo coletivo: falar aí de individualismo e de hedonismo é uma das automistificações de nossa época que quer se ver (como aliás querem todas as épocas) diferente daquilo que é.

A ESCANDALOSA BELEZA DO MAL

O que me irrita em Adorno é o método do curto-circuito que liga com uma facilidade perigosa as obras de arte às causas, às consequências ou às significações políticas (sociológicas); as reflexões extremamente cheias de nuances (os conhecimentos musicológicos de Adorno são admiráveis) levam desse modo a conclusões extremamente pobres; na verdade, visto que as tendências políticas de uma época são sempre redutíveis a duas únicas tendências opostas, acabamos por classificar uma obra de arte no lado do progresso ou no lado da reação; e como a reação é o mal, a inquisição pode abrir seus processos.

A sagração da primavera: um balé que termina com o sacrifício de uma moça que deve morrer para que a primavera ressuscite. Adorno: Stravínski está do lado da barbárie; sua "música não se identifica com a vítima, mas com a instância destrutiva" (pergunto-me: por que o verbo "identificar-se"? Como é que Adorno sabe se Stravínski "se identifica" ou não? Por que não dizer "pinta", "faz um retrato?", "uma figura", "representa"? Resposta: porque apenas a *identificação* com o mal é culpada e pode legitimar um processo).

Desde sempre, profunda, violentamente, detesto aqueles que querem encontrar numa obra de arte uma *atitude* (política, filosófica, religiosa etc.), em vez de procurar uma *intenção de conhecer*, de compreender, de apreender esse ou aquele aspecto da realidade. A música, antes de Stravínski, nunca soubera dar uma forma aos ritos bárbaros. Não se sabia imaginá-los musicalmente. O que quer dizer: não se sabia imaginar a *beleza* da barbárie. Sem sua beleza, essa barbárie continuaria incompreensível. (Frisando: para conhecer a fundo esse ou aquele fenômeno, é preciso compreender sua beleza, real ou potencial.) Dizer que um rito sangrento possui uma beleza, eis o escândalo, insuportável, inaceitável. No entanto, sem compreender esse escândalo, sem ir até o fundo desse escândalo, não podemos compreender grande coisa sobre o homem. Stravínski dá ao rito bárbaro uma forma musical forte, convincente, mas que não mente: escutemos a última sequência de *A sagração*, a dança do sacrifício: o horror não é escamoteado. Está lá.

Que seja apenas mostrado? Que não seja denunciado? Mas se ele fosse denunciado, isto é, privado de sua beleza, mostrado em sua feiura, seria uma deslealdade, uma simplificação, uma "propaganda". É *porque* ele é belo que o assassinato da moça é tão horrível.

Assim como ele fez um retrato da missa, um retrato de uma festa campestre (*Petrushka*), Stravínski fez aqui o retrato do êxtase bárbaro. É ainda mais interessante que ele tenha se declarado sempre e explicitamente partidário do princípio apolíneo, contrário ao princípio dionisíaco: *A sagração da primavera* (notadamente suas danças rituais) é o retrato apolíneo do êxtase dionisíaco: nesse retrato, os elementos extáticos (a batida agressiva do ritmo, alguns motivos melódicos extremamente curtos, muitas vezes repetidos, nunca desenvolvidos e parecendo gritos) são transformados em grande arte requintada (por exemplo, o ritmo, apesar de sua agressividade, torna-se tão complexo na alternância rápida de compassos diferentes que cria um tempo artificial, irreal, inteiramente estilizado); no entanto, a beleza apolínea desse retrato da barbárie não esconde o horror; ela nos mostra que no fundo do êxtase não se encontra senão a dureza do ritmo, as batidas severas da percussão, a insensibilidade extrema, a morte.

A ARITMÉTICA DA EMIGRAÇÃO

A vida de um emigrado, eis uma questão aritmética: Józef Konrad Korzeniowski (célebre pelo nome de Joseph Conrad) viveu dezessete anos na Polônia (eventualmente na Rússia, com sua família banida), e o resto de sua vida, cinquenta anos, na Inglaterra (ou em navios ingleses).

Pôde assim adotar o inglês como sua língua de escritor, assim como a temática inglesa. Apenas sua alergia antirrussa (ah, pobre Gide, incapaz de compreender a enigmática aversão de Conrad por Dostoiévski!) guarda o traço de sua nacionalidade polonesa.

Bohuslav Martinů viveu até seus trinta anos na Boêmia, depois, durante 36 anos, na França, na Suíça, na América e de novo na Suíça. Uma nostalgia da velha pátria refletia-se sempre em sua obra e ele se proclamava sempre compositor tcheco. No entanto, depois da guerra, ele recusou todos os convites vindos de lá e, seguindo seu desejo expresso, foi enterrado na Suíça. Desprezando seu último desejo, os agentes da mãe-pátria conseguiram, em 1979, vinte anos depois de sua morte, raptar seus restos mortais e instalá-los solenemente em sua terra natal.

Gombrowicz viveu 35 anos na Polônia, 23 na Argentina, seis na França. No entanto, só conseguia criar seus livros em polonês, e os personagens de seus romances são poloneses. Em 1964, passando uma temporada em Berlim, foi convidado para ir à Polônia. Hesitou e, por fim, recusou. Seu corpo está enterrado em Vence.

Vladimir Nabokov viveu vinte anos na Rússia, 21 anos na Europa (na Inglaterra, na Alemanha, na França), vinte anos na América, dezesseis anos na Suíça. Adotou o inglês como sua língua de escritor, mas um pouco menos a temática americana; em seus romances, existem muitos personagens russos. No entanto, sem equívoco e com insistência, proclamava-se cidadão e escritor americano. Seu corpo descansa em Montreux, na Suíça.

Kazimierz Brandys viveu na Polônia 65 anos e instalou-se em Paris desde o putsch de Jaruzelski em 1981. Só escrevia em polonês, com temática polonesa, e, todavia, mesmo não tendo motivos políticos para permanecer no estrangeiro depois de 1989, não voltou mais a viver na Polônia (o que me permite o prazer de vê-lo de vez em quando).

Esse olhar furtivo revela, antes de tudo, o problema artístico de um emigrado: os blocos quantitativamente iguais da vida não têm o mesmo peso se pertencem à juventude ou à idade adulta. Se a idade adulta é mais rica e mais importante para a vida e para a atividade criadora, o subconsciente, a memória, a língua, todo o embasamento da criação forma-se muito cedo. Para um médico, isso não acarretará problemas; mas para um romancista, para um compositor, afastar-se do lugar a que estão ligadas sua imaginação, suas obsessões, portanto seus temas fundamentais, poderia causar uma espécie de dilaceramento. Ele tem que mobilizar todas as suas forças, toda a sua astúcia de artista para transformar as desvantagens dessa situação em trunfos.

A imigração é difícil também do ponto de vista puramente pessoal: pensamos sempre na dor da nostalgia; mas o que é pior é a dor da alienação; a palavra alemã *Die Entfremdung* expressa melhor o que quero designar: o processo durante o qual aquilo que nos era próximo tornou-se estrangeiro. Não experimentamos *Entfremdung* em relação ao país de emigração: ali, o processo é inverso: o que era estrangeiro torna-se pouco a pouco familiar e amado. O estranhamento, na sua forma chocante, espantosa, não se revela em relação a uma mulher desconhecida que tentamos seduzir, mas em relação à mulher que outrora foi nossa. Apenas a volta ao país natal, depois de uma longa ausência, pode revelar o estranhamento substancial do mundo e da existência. Penso muitas vezes em Gombrowicz em Berlim. Em sua recusa em rever a Polônia. Desconfiança com relação ao regime comunista que então aí vigorava? Não creio: o comunismo polonês já se desintegrava, quase todas as pessoas cultas faziam parte da oposição e teriam transformado a visita de Gombrowicz em triunfo. As verdadeiras razões da recusa só poderiam ser existenciais. E incomunicáveis. Incomunicáveis porque muito íntimas. Incomunicáveis também porque muito ofensivas para os outros. Existem coisas sobre as quais só podemos calar.

A CASA DE STRAVÍNSKI

A vida de Stravínski está dividida em três partes de tamanhos mais ou menos iguais: Rússia: 27 anos; França e Suíça francófona: 22 anos; América: 32 anos.

O adeus à Rússia passou por várias fases: Stravínski fica primeiro na França (a partir de 1910) como numa longa viagem de estudos. Esses anos são, aliás, os mais russos de sua criação: *Petrushka*, *Zvezdoliki* (baseado na poesia de um poeta russo, Balmont), *A sagração da primavera, Pribaoutki*, o começo de *As bodas*. Depois vem a guerra, os contatos com a Rússia tornam-se difíceis; no entanto, ele continua sempre compositor russo com *Renard* e *A história do soldado*, inspirados pela poesia popular de sua pátria; só depois da revolução compreende que seu país natal estava perdido para ele, provavelmente para sempre: começa a verdadeira emigração.

Emigração: uma estadia forçada no estrangeiro para aquele que considera seu país natal sua única pátria. Mas a emigração prolonga-se e uma nova fidelidade começa a nascer, aquela do país adotado; vem então o momento da ruptura. Pouco a pouco, Stravínski abandona a temática russa. Escreve ainda, em 1922, *Mavra* (ópera-bufa baseada em Púchkin), depois, em 1928, *O beijo da fada*, essa lembrança de Tchaikóvski; depois, a não ser por algumas exceções marginais, não volta a ela. Quando morre, em 1971, sua mulher Vera, obedecendo à sua vontade, recusa a proposta do governo soviético de enterrá-lo na Rússia e faz com que seja transferido para o cemitério de Veneza.

Sem dúvida, Stravínski trazia em si a ferida de sua emigração, como todos os outros. Sem dúvida, sua evolução artística teria tomado um caminho diferente se tivesse podido ficar onde tinha nascido. Realmente, o começo de sua viagem através da história da música coincide mais ou menos com o momento em que seu país natal não mais existe para ele; tendo compreendido que nenhum outro país poderia substituí-lo, ele encontra sua única pátria na música; isso não é, de minha parte, uma bela versão lírica, penso assim de modo inteiramente concreto: sua única pátria, sua única casa, era a música, toda a música de todos os músicos, a história da música; foi ali que ele decidiu se instalar, se enraizar, morar; foi ali que ele acabou encontrando seus únicos compatriotas, seus únicos parentes, seus únicos vizinhos, de Pérotin a Webern; foi com eles que começou uma longa conversa que só parou com a morte.

Ele fez tudo para sentir-se em casa: parou em todas as peças dessa casa, tocou todos os cantos, acariciou todos os móveis; passou da música do antigo folclore para Pergolesi, que lhe deu *Pulcinella* (1919), para os outros mestres do barroco, sem os quais seu *Apollon Musagète* (1928) seria impensável, para Tchaikóvski, de quem transcreveu as melodias em *O beijo da fada* (1928), para

Bach, que é o padrinho de seu *Concerto para piano e instrumentos de sopro* (1924), seu *Concerto para violino* (1931) e de quem reescreveu as *Variações canônicas Vom Himmel hoch* (1956) para o jazz, que celebra em *Ragtime para onze instrumentos* (1918), em *Piano-rag-music* (1919), em *Prelúdio para jazz band* (1937) e em *Ebony Concerto* (1945), para Pérotin e outros velhos polifonistas, que inspiram sua *Sinfonia dos salmos* (1930) e sobretudo sua admirável *Missa* (1948), para Monteverdi, que estuda em 1957, para Gesualdo, de quem transcreveu os madrigais em 1959, para Hugo Wolf, de quem faz o arranjo de duas canções (1968) e para a dodecafonia, à qual a princípio fizera restrições, mas que, finalmente, depois da morte de Schönberg (1951), reconheceu também como uma das peças de sua casa.

Seus detratores, defensores da música concebida como expressão dos sentimentos, que se indignavam com a insuportável discrição de sua "atividade afetiva" e o acusavam de "pobreza de coração", não tinham eles próprios coração bastante para compreender qual ferida sentimental se encontrava por detrás desse seu perambular através da história da música.

QUARTA PARTE
Uma frase

Em "A sombra castradora do Santo Garta", citei uma frase de Kafka, uma daquelas em que me parece estar condensada toda a originalidade de sua poesia romanesca: a frase do terceiro capítulo de *O castelo*, em que Kafka descreve o coito de K. e Frieda. Para mostrar com exatidão a beleza específica da arte de Kafka, preferi eu mesmo improvisar uma tradução, a mais fiel possível, em vez de utilizar as traduções existentes. As diferenças entre uma frase de Kafka e seus reflexos no espelho das traduções levaram-me depois às diversas reflexões que se seguem.

TRADUÇÕES

Façamos desfilar as traduções. A primeira é a de Vialatte, de 1938:

> Passaram-se horas ali, horas de hálitos misturados, de batimentos de coração em comum, horas durante as quais K.

não deixou de experimentar a impressão de que se perdia, de que tinha se metido tão longe que ninguém antes dele havia percorrido tanto caminho; no estrangeiro, num país onde até o ar nada mais tinha dos elementos do ar do país natal, onde se devia sufocar de exílio e onde não se podia fazer mais nada, em meio a seduções insanas, além continuar a andar, continuar a se perder.

Sabia-se que Vialatte se comportava um tanto livremente demais com relação a Kafka; por isso, as Éditions Gallimard fizeram corrigir suas traduções para a edição dos romances de Kafka da coleção La Pléiade em 1976. Mas os herdeiros de Vialatte não concordaram: chegou-se, então, a uma solução inédita: os romances de Kafka são publicados na versão defeituosa de Vialatte, ao mesmo tempo que Claude David, editor, publica no fim do livro suas correções da tradução sob a forma de notas incrivelmente numerosas, de tal modo que o leitor é obrigado, para restabelecer em seu espírito uma "boa" tradução, a virar sem parar as páginas do livro para olhar as notas. A combinação da tradução de Vialatte com as correções no fim do livro constitui, na verdade, uma segunda tradução francesa, que me permitirei designar, para maior simplicidade, somente com o nome de David:

> Passaram-se horas ali, horas de hálitos misturados, de batimentos do coração que se confundiam, horas durante as quais K. não deixou de experimentar a impressão de que se extraviava, de que se metera mais longe do que qualquer ser antes dele: estava num país estrangeiro, onde nem mesmo o ar nada mais tinha em comum com o ar do país natal; o estranhamento desse país sufocava e, no entanto, em meio a

loucas seduções, só se podia andar para cada vez mais longe, extraviar-se sempre mais para adiante.

Bernard Lortholary teve o grande mérito de sentir-se radicalmente insatisfeito com as traduções existentes e ter retraduzido os romances de Kafka. Sua tradução de *O castelo* data de 1984:

> Ali passaram-se horas, horas de respirações misturadas, de corações batendo juntos, horas durante as quais K. tinha a sensação constante de se extraviar, ou de ter avançado mais longe que qualquer outro homem em regiões estrangeiras, onde nem mesmo o ar tinha um único elemento que se encontrasse no ar do país natal, onde apenas se podia sufocar de tanto estranhamento, sem poder no entanto fazer mais nada, em meio a essas loucas seduções, além de continuar e extraviar-se mais ainda.

Eis agora as frases em alemão:

> *Dort vergingen Stunden, Stunden gemeinsamen Atems, gemeinsamen Herzschlags, Stunden, in denen K. immerfort das Gefühl hatte, er verirre sich oder er sei so weit in der Fremde, wie vor ihm noch kein Mensch, einer Fremde, in der selbst die Luft keinen Bestandteil der Heimatluft habe, in der man vor Fremdheit ersticken müsse und in deren unsinnigen Verlockungen man doch nichts tun könne als weiter gehen, weiter sich verirren.*

O que, numa tradução fiel, dá isto:

> Nisso passavam as horas, horas de hálitos comuns, de corações batendo juntos, horas em que K. não parava de sentir

que se abandonava, ou então que estava mais longe, no mundo em que ninguém estivera antes, num mundo estrangeiro em que o próprio ar não tinha nenhum elemento do ar de sua terra natal, em que deveria ficar sufocado de estranheza e no qual nada podia fazer, no meio de seduções insensatas, a não ser entregar-se, continuar a se abandonar.*

METÁFORA

Toda a frase nada mais é do que uma longa metáfora. Nada exige mais exatidão, da parte do tradutor, que uma metáfora. É através dela que se toca o coração da originalidade poética de um autor. A palavra com que Vialatte comete o primeiro erro é o verbo "meter-se": "tinha se metido tão longe". Em Kafka, K. não se mete, ele "está". A palavra "meter-se" deforma a metáfora: liga-a visualmente demais à ação real (aquele que faz amor se mete) e dessa forma priva-a de seu *grau de abstração* (o caráter *existencial* da metáfora de Kafka não pretende sugerir a evocação material, visual, do movimento amoroso). David, que corrige Vialatte, mantém o mesmo verbo: "meter-se". E até Lortholary (o mais fiel) evita a palavra "estar" e a substitui por "avançar".

---

* A edição brasileira de O castelo (São Paulo: Companhia das Letras, 2000) tem tradução de Modesto Carone: "Ali passaram-se as horas, horas de respiração confundida, de batidas comuns do coração, horas nas quais K. tinha sem parar o sentimento de que se perdia ou estivesse numa terra estranha como ninguém antes dele, uma terra estranha na qual até o ar não tinha nada de familiar e em cujas tentações sem sentido não era possível fazer nada senão ir em frente e continuar se perdendo". (N. E.)

Em Kafka, ao fazer amor, K. está *"in der Fremde"*, "no estrangeiro": Kafka repete duas vezes a palavra e, na terceira vez, usa seu derivado: *"die Fremdheit"* (estranhamento) — no ar do estrangeiro, sufoca-se de estranhamento. Todos os tradutores sentem-se embaraçados por essa repetição tripla: por isso, Vialatte utiliza somente uma vez a palavra "estrangeiro" e, em vez de "estranhamento", escolhe outras palavras: "onde se devia sufocar de exílio". Mas em nenhum trecho de Kafka fala-se em exílio. Exílio e estranhamento são noções diferentes. K. fazendo amor não é *expulso* de nenhuma casa sua, não é *banido* (portanto não precisa ter pena dele); está onde está por sua própria vontade, está ali porque ousou estar. A palavra "exílio" dá à metáfora uma aura de martírio, de sofrimento, tornando-a sentimental e melodramática.

Vialatte e David substituem a palavra *"gehen"* (ir) pela palavra "andar". Se "ir" transforma-se em "andar", aumenta-se a expressividade da comparação e a metáfora torna-se ligeiramente grotesca (aquele que está fazendo amor torna-se um andarilho). Esse lado grotesco não é mau por princípio (pessoalmente, gosto muito de metáforas grotescas e muitas vezes sou obrigado a defendê-las contra meus tradutores), mas, indubitavelmente, o grotesco não era o que Kafka desejava aqui.

A palavra *"die Fremde"* é a única que não suporta uma simples tradução ao pé da letra. Na verdade, em alemão, *"die Fremde"* significa não somente "um país estrangeiro" como também, mais em geral, mais abstratamente, tudo "aquilo que é estrangeiro", "uma realidade estrangeira", "um mundo estrangeiro". Se traduzíssemos *"in der Fremde"* por "no estrangeiro", seria como se tivéssemos em Kafka a palavra *"Ausland"* (= outro país que não o meu). A tentação de traduzir, para maior exatidão semântica, a palavra *"die Fremde"* por uma perífrase de duas palavras francesas parece-me então compreensível; mas em todas as soluções concretas (Vialatte: "no estrangeiro, num *país* onde"; David: "num *país* estrangeiro"; Lortholary: "em *regiões* estrangeiras") a metáfora perde, mais uma vez, o grau de abstração que tem em Kafka, e seu lado "turístico", ao invés de ser suprimido, é ressaltado.

A METÁFORA COMO DEFINIÇÃO FENOMENOLÓGICA

É preciso corrigir a ideia de que Kafka não gostava de metáforas; ele não gostava de metáforas de um *certo gênero*, mas é um dos grandes criadores da metáfora que qualifico de *existencial* ou *fenomenológica*. Quando Verlaine diz: "A esperança brilha como um pequeno pedaço de palha no estábulo", é uma soberba imaginação *lírica*. Entretanto, é impensável na prosa de Kafka. Pois aquilo de que certamente Kafka não gostava era da liricização da prosa romanesca.

A imaginação metafórica de Kafka não era menos rica do que a de Verlaine ou Rilke, mas não era lírica, a saber: era inspirada exclusivamente pela vontade de decifrar, de compreender, de apreender o sentido da ação dos personagens, o sentido das situações em que estes se encontram.

Recordemos uma outra cena de coito, entre a sra. Hentjen e Esch em *Os sonâmbulos*, de Broch: "Eis que ela aperta sua boca contra a dele como a tromba de um animal contra uma vidraça e Esch treme de raiva ao ver que, para não ceder, ela mantinha sua alma prisioneira por trás de seus dentes cerrados".

As palavras "tromba de um animal" e "vidraça" estão aqui não para evocar por comparação uma imagem visual da cena, mas para captar a *situação existencial* de Esch, que, mesmo durante o contato amoroso, permanece inexplicavelmente separado (como por uma vidraça) de sua amante e é incapaz de se apoderar de sua alma (prisioneira por trás dos dentes cerrados). Situação difícil de captar, ou que só pode ser captada por meio de uma metáfora.

No início do capítulo 4 de *O castelo*, há o segundo coito de K. e Frieda; este também expresso por uma única frase (frase-metáfora) de que improviso aqui a tradução, o mais fielmente possível:

> Ela procurava alguma coisa e ele procurava alguma coisa, arrebatados, os rostos contorcidos, a cabeça enfiada no peito do outro, eles procuravam, e seus abraços e seus corpos empinados não os faziam esquecer mas lembravam-lhes o dever de procurar, como cães desesperados vasculham a terra eles vasculhavam seus corpos e, irremediavelmente decepcionados, para ter ainda uma última felicidade, às vezes passavam longamente a língua sobre o rosto um do outro.

Da mesma forma que as palavras-chave da metáfora do primeiro coito eram "estrangeiro", "estranhamento", aqui as palavras-chave são "procurar", "vasculhar". Essas palavras não exprimem uma imagem visual do que se passa, mas uma inefável situação existencial. Quando David traduz: "como os cães enfiam desesperadamente *suas garras* no solo, eles *enfiavam suas unhas em seus corpos*", ele é não só infiel (Kafka não fala de garras nem de unhas que se enfiam), mas transfere a metáfora do domínio existencial para o domínio da descrição visual: coloca-se assim dentro de uma outra estética, diferente da de Kafka.

Esse deslocamento estético é ainda mais evidente no último fragmento da frase. Kafka diz: "[*sie*] *fuhren manchmal ihre Zungen breit über des anderen Gesicht*" — "às vezes passavam longamente a língua sobre o rosto um do outro". Essa constatação precisa e neutra transforma-se em David nesta metáfora expressionista: "eles *fustigavam* o rosto um do outro com *golpes* de língua".

NOTA SOBRE A SINONIMIZAÇÃO SISTEMÁTICA

A necessidade de empregar uma outra palavra em vez da mais evidente, da mais simples, da mais neutra (estar — meter; ir — andar; passar — fustigar) poderia se chamar *reflexo de sinonimização*: reflexo de quase todos os tradutores. Ter um grande estoque de sinônimos faz parte da virtuosidade do "bom estilo"; se no mesmo parágrafo do texto original há duas vezes a palavra "tristeza", o tradutor, ofuscado pela repetição (considerada um atentado à elegância estilística obrigatória), se sentirá tentado, na segunda vez, a traduzir por "melancolia". Mas tem mais: essa necessidade de sinonimizar incrustou-se tão profundamente na alma do tradutor que este escolherá *imediatamente* um sinônimo: traduzirá "melancolia" se no texto original estiver "tristeza", traduzirá "tristeza" onde estiver "melancolia".

Vamos admitir, sem nenhuma ironia: a situação do tradutor é extremamente delicada: ele deve ser fiel ao autor e, ao mesmo tempo, permanecer ele mesmo; como fazer? Ele quer (consciente ou inconscientemente) investir o texto de sua própria criatividade; como para tomar coragem, escolhe uma palavra que aparentemente não trai o autor mas depende de sua própria iniciativa. É o que constato neste momento em que revejo a tradução de um pequeno texto meu: escrevo "autor" e o tradutor traduz "escritor"; escrevo "escritor", ele traduz "romancista"; escrevo "romancista", ele traduz "autor"; quando digo "versos", ele traduz "poesia"; quando digo "poesia", ele traduz "poemas". Kafka diz "ir"; os tradutores, "andar". Kafka diz "qualquer elemento"; os tradutores, "nada dos elementos", "nada em comum", "nem um único elemento". Kafka diz ter "a sensação de se extraviar"; dois tradutores dizem "ter a impressão...", enquanto o terceiro (Lortholary) traduz (com razão) ao pé da letra e prova dessa forma que a substituição de "sensação" por "impressão" não é de modo nenhum necessária. Essa prática sinonimizadora tem ar inocente, mas seu caráter sistemático embota inevitavelmente o pensamento original. E depois, por quê, diabos? Por que não dizer "ir" se o autor disse *gehen*? Ah, senhores tradutores, não nos sodonimizem!*

RIQUEZA DO VOCABULÁRIO

Examinemos os verbos da frase: *vergehen* ("passar", da raiz *gehen*: "ir"), *haben* ("ter"), *sich verirren* ("extraviar-se"), *sein* ("ser"), *haben* ("ter"), *ersticken müssen* ("dever sufocar"), *tun konnen* ("poder fazer"), *gehen*

---

* Palavra criada pelo autor. (N. T.)

("ir"), *sich verirren* ("extraviar-se"). Kafka escolheu portanto os verbos mais simples, os mais elementares: "ir" (duas vezes), "ter" (duas vezes), "extraviar-se" (duas vezes), "ser", "fazer", "sufocar", "dever", "poder".

Os tradutores têm tendência a enriquecer o vocabulário: "não deixar de experimentar" (em vez de "ter"); "meter-se", "avançar", "percorrer caminho" (em vez de "estar"); "fazer sufocar" (em vez de "ter que abafar"); "andar" (em vez de "ir"); encontrar (em vez de "ter").

(Assinalemos o terror que sentem todos os tradutores do mundo inteiro diante das palavras "ser" e "ter"! Fazem qualquer coisa para substituí-las por uma palavra que considerem menos banal.)

Essa tendência também é psicologicamente compreensível: de que modo seria o tradutor apreciado? Por sua fidelidade ao estilo do autor? É exatamente isso que os leitores de seu país não terão a possibilidade de julgar. Ao contrário, a riqueza de vocabulário será automaticamente sentida pelo público como um valor, como uma performance, uma prova de maestria e de competência do tradutor.

Ora, a riqueza de vocabulário em si mesma não representa valor nenhum. A extensão do vocabulário depende da intenção estética que organiza a obra. O vocabulário de Carlos Fuentes é rico até o limite. Mas o vocabulário de Hemingway é extremamente limitado. A beleza da prosa de Fuentes está ligada à riqueza; a de Hemingway, à limitação do vocabulário.

O vocabulário de Kafka também é relativamente restrito. Essa restrição é muitas vezes explicada como uma ascese de Kafka. Como sua negação da estética. Como sua indiferença em relação à beleza. Ou então como o tributo pago à língua alemã de Praga que, distanciada do ambiente popular, se ressecava. Ninguém quis admitir que esse despojamento do vocabulário expressava a intenção *estética* de Kafka, era um dos sinais característicos da *beleza* de sua prosa.

OBSERVAÇÃO GERAL SOBRE O PROBLEMA DA AUTORIDADE

A autoridade suprema para um tradutor deveria ser o *estilo pessoal* do autor. Mas a maior parte dos tradutores obedece a uma outra autoridade: àquela do *estilo comum* do "bom francês" (do bom alemão, do bom inglês etc.), a saber do francês (do alemão etc.) que se aprende no colégio. O tradutor se considera o embaixador dessa autoridade junto ao autor estrangeiro. Eis aí o erro: todo autor de certo valor *transgride* o "bom estilo", e nessa transgressão se encontra a originalidade (e, portanto, a razão de ser) de sua arte. O primeiro esforço do tradutor deveria ser compreender essa transgressão. Não é difícil quando ela é evidente, por exemplo, em Rabelais, em Joyce, em Céline. Mas existem autores em que a transgressão do "bom estilo" é delicada, quase invisível, escondida, discreta; nesse caso, não é fácil percebê-la. O que não impede que seja importante do mesmo modo.

REPETIÇÃO

- *Die Stunden* ("algumas horas") três vezes — repetição conservada em todas as traduções;

- *gemeinsamen* ("comuns") duas vezes — repetição eliminada em todas as traduções;
- *sich verirren* ("extraviar-se") duas vezes — repetição conservada em todas as traduções;
- *die Fremde* ("o estrangeiro") duas vezes, depois uma vez *die Fremdheit* ("o estranhamento") — em Vialatte: "estrangeiro" uma só vez, "estranhamento" substituída por "exílio"; em David e Lortholary: uma vez "estranho" (adjetivo), uma vez "estranhamento";
- *die Luft* ("o ar") duas vezes — repetição conservada por todos os tradutores;
- *haben* ("ter") duas vezes — a repetição não existe em nenhuma tradução;
- *weiter* ("mais longe") duas vezes — essa repetição é substituída em Vialatte pela repetição da palavra "continuar"; em David, pela repetição (de fraca ressonância) da palavra "sempre"; em Lortholary, a repetição desapareceu;
- *gehen vergehen* ("ir", "passar") — essa repetição (aliás, difícil de conservar) desapareceu em todos os tradutores.

Em geral, constata-se que os tradutores (obedecendo aos professores de colégio) têm tendência a limitar as repetições.

SENTIDO SEMÂNTICO DE UMA REPETIÇÃO

Duas vezes *die Fremde*, uma vez *die Fremdheit*: com essa repetição, o autor introduz em seu texto uma palavra que tem a característica de uma noção-chave, de um conceito. Se o autor, a partir dessa palavra, desenvolve uma longa reflexão, a repetição da mesma palavra é necessária do ponto de vista semântico e lógico. Imaginemos que o tradutor de Heidegger, para evitar as repetições, utilizasse, em vez da palavra *"das Sein"*, uma vez "o ser", em seguida "a existência", depois "a vida", depois ainda "a vida humana" e, por fim, "o existir". Sem jamais saber se Heidegger fala de uma coisa só, denominada diferentemente, ou de coisas diferentes, teremos, em vez de um texto escrupulosamente lógico, uma confusão. A prosa de um romance (refiro-me, é claro, aos romances dignos desse nome) exige o mesmo rigor (sobretudo nos trechos que têm um caráter reflexivo ou metafórico).

OUTRA NOTA SOBRE A NECESSIDADE DE MANTER A REPETIÇÃO

Um pouco adiante, na mesma página de *O castelo*: *"Stimme nach Frieda gerufen wurde. 'Frieda', sagte K. in Friedas Ohr und gab so den Ruf weiter"*. O que quer dizer, palavra por palavra: "Uma voz chamou Frieda. 'Frieda', diz K. no ouvido de Frieda, transmitindo assim o chamado".

Os tradutores querem evitar a tríplice repetição do nome Frieda. Vialatte: "'Frieda!', diz ele no ouvido *da criada*, transmitindo assim...". E David: "'Frieda', diz K. no ouvido de sua *companheira*, transmitindo-lhe...".

Como as palavras substituindo o nome Frieda soam falsas! Notem bem que K., no texto de *O castelo*, nunca deixa de ser K. No diálogo, os outros podem chamá-lo "agrimensor", e talvez até de outro jeito, mas o próprio Kafka, o narrador, nunca designa K. pelas palavras "estrangeiro", "recém-chegado", "rapaz" ou não sei o que mais. K. só é K. E não apenas ele, mas todos os personagens, em Kafka, têm sempre um só nome, uma só designação.

Frieda é portanto Frieda; nem amada, nem amante, nem companheira, nem criada, nem serviçal, nem prostituta, nem mulher, nem moça, nem amiga, nem namorada. Frieda.

IMPORTÂNCIA MELÓDICA DE UMA REPETIÇÃO

Há momentos em que a prosa de Kafka levanta voo e torna-se canto. É o caso das duas frases sobre as quais me detive. (Notemos que essas duas frases de beleza excepcional são ambas descrições do ato amoroso; o que revela, sobre a importância do erotismo para Kafka, cem vezes mais do que todas as pesquisas dos biógrafos. Mas vamos em frente.) A prosa de Kafka levanta voo levada por duas asas: a intensidade da imaginação metafórica e a melodia cativante.

A beleza melódica está ligada aqui à repetição das palavras; a frase começa: "*Dort vergingen* Stunden, Stunden gemeinsamen *Atems*, gemeinsamen *Herzschlags*, Stunden". Em nove palavras, cinco repetições. No meio da frase: a repetição da palavra *die Fremde* e a palavra *die Fremdheit*. E, no fim da frase, ainda uma repetição: "*weiter* gehen, *weiter* sich verirren". Essas repetições múltiplas atrasam o tempo e dão à frase uma cadência nostálgica.

Na outra frase, o segundo coito de K., encontramos o mesmo princípio de repetição: o verbo "procurar" repetido quatro vezes, as palavras "alguma coisa" duas vezes, a palavra "corpo" duas vezes, o verbo "meter-se" duas vezes; e não esqueçamos a conjunção "e", que, indo de encontro a todas as regras da elegância sintática, é repetida quatro vezes.

Em alemão, essa frase começa: *"Sie suchte etwas und er suchte etwas..."*. Vialatte diz uma coisa inteiramente diferente: "Ela procurava e procurava ainda alguma coisa...". David o corrige: "Ela procurava alguma coisa e ele também, por seu lado". Curioso: preferimos dizer "e ele também, por seu lado" a traduzir palavra por palavra a bela e simples repetição de Kafka: "Ela procurava alguma coisa e ele procurava alguma coisa...".

A ARTE DA REPETIÇÃO

Existe uma arte da repetição. Pois há, decerto, repetições ruins, desastradas (quando, durante a descrição de um jantar, em duas frases lemos três vezes as palavras "cadeira" ou "garfo" etc.). A regra: se repetimos uma palavra é porque esta é importante, porque queremos fazer ressoar, no espaço de um parágrafo, de uma página, sua sonoridade assim como seu significado.

DIGRESSÃO: UM EXEMPLO DA BELEZA DA REPETIÇÃO

O conto muito pequeno (duas páginas) de Hemingway, "Uma leitora escreve", é dividido em três partes: 1) um parágrafo curto que descreve uma mulher escrevendo uma carta "sem se interromper, sem riscar ou reescrever uma única palavra"; 2) a carta propriamente dita em que a mulher fala da doença venérea de seu marido; 3) o monólogo interior que se segue e que reproduzo aqui:

Talvez ele possa me dizer o que é preciso fazer, refletia ela. Quem sabe ele me dirá? Na foto do jornal, ele está com um ar muito culto e muito inteligente. Todos os dias, diz aos outros o que deve ser feito. Certamente ele saberá.

Farei tudo que for preciso. No entanto, isso dura há tanto tempo... tanto tempo. Realmente, muito tempo. Meu Deus, há quanto tempo. Eu sei muito bem que ele devia ir para onde era mandado, mas não sei como ele foi apanhar isso. Ah, meu Deus, gostaria tanto que ele não tivesse apanhado isso. Pouco me importa como ele apanhou. Mas, meu Deus do céu, gostaria tanto que ele não tivesse apanhado. Realmente, ele não deveria. Não sei o que fazer. Se pelo menos ele não tivesse apanhado a doença. Realmente, não sei por que ele teve que adoecer.

A envolvente melodia desse trecho baseia-se inteiramente nas repetições. Elas não são um artifício (como a rima na poesia), mas têm sua origem na linguagem falada de todos os dias, na linguagem mais rude.

E acrescento: esse pequeno conto representa na história da prosa, parece-me, um caso inteiramente único em que a intenção musical é primordial: sem essa melodia, o texto perderia toda a razão de ser.

O FÔLEGO

Segundo ele próprio disse, Kafka escreveu seu longo conto "O veredicto" numa só noite, sem interrupção, isto é, com uma velocidade extraordinária, deixando-se levar por uma imaginação quase incontrolável. A velocidade, que se tornou mais tarde para os surrealistas o método programático (a "escrita automática"), permitindo liberar o subconsciente da vigilância da razão e fazer explodir a imaginação, teve para Kafka mais ou menos o mesmo papel.

A imaginação kafkiana, despertada por essa "velocidade metódica", corre como um rio, rio onírico que só faz uma trégua no fim de um capítulo. Esse longo fôlego da imaginação reflete-se no tipo de sintaxe: nos romances de Kafka, existe uma quase ausência de dois-pontos (a não ser os de rotina, que introduzem o diálogo) e uma presença excepcionalmente modesta de ponto e vírgula. Se consultarmos o manuscrito (ver a edição crítica, Fischer, 1982), constatamos que até as vírgulas, aparentemente necessárias do ponto de vista das regras sintáticas, muitas vezes faltam. O texto é dividido em muito poucos parágrafos. Essa *tendência a enfraquecer a articulação* — poucos parágrafos, poucas pausas graves (ao reler o manuscrito, Kafka até mesmo trocou muitas vezes os pontos por vírgulas), poucos sinais sublinhando a organização lógica do texto (dois-pontos, ponto e vírgula) — é consubstancial ao estilo de Kafka; ela é ao mesmo tempo um atentado perpétuo ao "bom estilo" alemão (assim como ao "bom estilo" de todas as línguas para as quais Kafka está traduzido).

Kafka não fez uma redação definitiva de O *castelo* para a impressão e poderíamos supor, com razão, que ele poderia ainda acrescentar uma ou outra correção, inclusive na pontuação. Não fico portanto nada chocado (nem tampouco encantado, evidentemente) de que Max Brod, como primeiro editor de Kafka, para tornar o texto mais fácil de ler, tenha criado de *tempos em tempos* uma nota ou acrescentado um ponto e vírgula. Na verdade, mesmo nessa edição de Brod, a *característica geral* da sintaxe de Kafka permanece claramente perceptível, e o romance conserva seu grande fôlego.

Voltemos para nossa frase do terceiro capítulo: ela é relativamente longa, com vírgulas mas sem ponto e vírgula (no manuscrito e em todas as edições alemãs). O que me incomoda mais na versão de Vialatte dessa frase é, portanto, o ponto e vírgula acrescentado. Ele representa o fim de um segmento lógico, uma cesura que convida a baixar a voz, a fazer uma pequena pausa. Essa cesura (embora correta do ponto de vista das regras sintáticas) estrangula o fôlego de Kafka. David, esse, até divide a frase em três partes, com dois pontos e vírgulas. Esses dois pontos e vírgulas ficam ainda mais incongruentes porque Kafka em todo o terceiro capítulo (se voltamos ao manuscrito) utilizou apenas um só ponto e vírgula. Na edição organizada por Max Brod existem treze. Vialatte chega a 31. Lortholary a 28, mais três vezes dois-pontos.

IMAGEM TIPOGRÁFICA

O voo, longo e embriagador, da prosa de Kafka você *vê* na imagem tipográfica do texto que, muitas vezes, é apenas um só parágrafo "infinito" no qual estão inseridas até mesmo longas passagens de diálogo. No manuscrito de Kafka, o terceiro capítulo está dividido apenas em dois longos parágrafos. Na edição de Brod, existem cinco. Na tradução de Vialatte, noventa. Na tradução de Lortholary, 95. Foi imposta na França aos romances de Kafka uma articulação que não é a deles: parágrafos muito mais numerosos e, portanto, muito mais curtos, que simulam uma organização mais lógica, mais racional do texto, que o dramatizam, separando nitidamente todas as respostas nos diálogos.

Em nenhuma tradução para outras línguas, que eu saiba, mudou-se a articulação original dos textos de Kafka. Por que os tradutores franceses (todos unanimemente) fizeram isso? Certamente tiveram alguma razão para fazê-lo. A edição dos romances de Kafka para a Pléiade inclui mais de quinhentas páginas de notas. No entanto, não encontro uma única frase que justifique isso.

PARA TERMINAR, UMA OBSERVAÇÃO SOBRE AS LETRAS GRANDES E PEQUENAS

Kafka insistia para que seus livros fossem impressos em letras muito grandes. Lembramos isso hoje com a indulgência sorridente provocada pelos caprichos dos grandes homens. No entanto, não há nada nisso que mereça um sorriso; o desejo de Kafka era justificado, lógico, sério, ligado à sua estética, ou, mais concretamente, à sua maneira de articular a prosa.

O autor que divide seu texto em inúmeros pequenos parágrafos não iria insistir tanto nas letras grandes: uma página ricamente articulada pode ser facilmente lida.

Ao contrário, o texto que se desenrola num parágrafo infinito é muito pouco legível. O olho não encontra lugares para parar, para descansar, as linhas "se perdem" facilmente. Um texto assim, para ser lido com prazer (isto é, sem fadiga ocular), exige letras relativamente grandes que tornam fácil a leitura e permitem a pausa a qualquer momento para saborear a beleza das frases.

Olho O *castelo* na edição de bolso alemã: 39 linhas lamentavelmente apertadas numa pequena página de um "parágrafo infinito": é ilegível — ou, por outra, é legível apenas como *informação*; ou como *documento*; de modo algum como um texto destinado a uma percepção estética. Anexadas, numas quarenta páginas: todas as passagens que Kafka havia suprimido em seu manuscrito. Caçoa-se do desejo de Kafka de ver seu texto impresso (por razões estéticas inteiramente justificáveis) em letras grandes; retomam-se todas as frases que decidiu (por razões estéticas inteiramente justificáveis) suprimir. Nessa indiferença à vontade estética do autor, reflete-se toda a tristeza do destino póstumo da obra de Kafka.

QUINTA PARTE
À procura do presente perdido

I

No meio da Espanha, em algum lugar entre Barcelona e Madri, duas pessoas estão sentadas na lanchonete de uma pequena estação: um americano e uma moça. Nada sabemos sobre eles, a não ser que esperam o trem para Madri, onde a moça vai se submeter a uma operação cirúrgica, certamente (a palavra nunca é pronunciada) um aborto. Não sabemos quem são, que idade têm, se se amam ou não, não sabemos que razões os levaram a essa decisão. Sua conversa, apesar de reproduzida com extraordinária precisão, não revela nada que nos faça compreender suas motivações ou seu passado.

A moça está tensa e o rapaz tenta acalmá-la: "É uma operação que só impressiona, Jig. Nem é mesmo na verdade uma operação". E depois: "Vou com você e fico o tempo todo junto com você...". E depois: "Vamos nos sentir muito bem depois. Exatamente como antes".

Quando percebe o menor sinal de aborrecimento

por parte da moça, diz: "Bom, se você não quiser, não deve fazer. Não quero que faça se não quiser". E no fim, mais uma vez: "Você tem que compreender que não quero que faça se não quiser. Posso perfeitamente aceitar a situação se isso significar alguma coisa para você".

Pelas respostas da moça, adivinhamos seus escrúpulos morais. Olhando a paisagem, ela diz: "E dizer que poderíamos ter tudo isso. Poderíamos ter tudo e cada dia tudo fica mais difícil".

O homem quer acalmá-la:

"— Podemos ter tudo [...].

— Não. E uma vez que nos tomam, não volta jamais."

E quando o homem mais uma vez garante a ela que a operação não tem perigo, ela diz:

"— Você faria qualquer coisa por mim?

— Faria qualquer coisa por você.

— Quer por favor por favor por favor por favor por favor por favor por favor calar a boca?"

E o homem:

"— Mas não quero que você faça isso. Dá no mesmo para mim.

— Vou gritar", diz a moça.

É nesse momento que a tensão atinge seu auge. O homem se levanta para transportar a bagagem para o outro lado da estação e, quando volta:

"— Você está se sentindo melhor? — pergunta ele.

— Estou me sentindo bem. Não tem problema. Estou me sentindo bem." E são estas as últimas palavras do célebre conto de Ernest Hemingway, "Colinas como elefantes brancos".*

---

* Todas as citações de "Colinas como elefantes brancos" são extraídas da tradução de Philippe Sollers, publicada em *L'Infini* (primavera de 1992). (N. A.)

2

O curioso desse conto de cinco páginas é que podemos imaginar, a partir do diálogo, inúmeras histórias: o homem é casado e força sua amante a fazer um aborto para poupar sua esposa; é solteiro e deseja o aborto porque tem medo de complicar sua vida; mas também é possível que esteja agindo de forma desinteressada por prever as dificuldades que uma criança poderia trazer à moça; talvez, e podemos imaginar tudo, ele esteja gravemente doente e tenha medo de deixar a moça sozinha com uma criança; podemos até imaginar que a criança é de um homem que a moça deixou para ficar com o americano, que lhe aconselha o aborto embora esteja pronto, no caso de uma recusa, a assumir o papel de pai. E a moça? Ela pode ter concordado com o aborto para obedecer a seu amante; mas talvez tenha tomado sozinha a iniciativa e, à medida que a ocasião se aproxima, perde a coragem, sente-se culpada e manifesta ainda uma última resistência verbal, destinada mais à sua própria consciência do que a seu parceiro. De fato, nunca acabaríamos de inventar as diversas situações que poderiam estar escondidas por trás do diálogo.

Quanto ao caráter dos personagens, a escolha não é menos embaraçosa: o homem pode ser sensível, amoroso, terno; pode ser egoísta, ardiloso, hipócrita. A moça pode ser hipersensível, astuta, profundamente moralista; pode ser também caprichosa, fingida, gostar de fazer cenas de histeria.

As verdadeiras motivações do comportamento deles estão ainda mais escondidas pelo fato de o diálogo não ter nenhuma indicação sobre a maneira como as respostas são faladas: rapidamente, lentamente, com ironia, ternamente, maldosamente, de modo cansado? O homem diz: "Sabe que sempre a amei". A moça responde: "Sei disso". Mas o que quer dizer esse "sei disso"? Será que ela tem realmente certeza do amor do homem? Ou ela o diz com ironia? E o que quer dizer essa ironia? Que a moça não acredita no amor do homem? Ou que o amor desse homem não tem mais importância para ela?

Fora do diálogo, o conto tem apenas as poucas descrições necessárias; nem mesmo as indicações cênicas de peças de teatro são tão despojadas. Um único motivo escapa a essa regra de economia máxima: o das colinas brancas que se estendem no horizonte; ele volta várias vezes, acompanhado de uma metáfora, a única do conto. Hemingway não era grande amante de metáforas. E também não é ao narrador que esta pertence, mas à moça; é ela quem diz, olhando as colinas: "Parecem elefantes brancos".

O homem responde, engolindo a cerveja:

"— Nunca vi elefantes brancos.

— Não, você não poderia vê-los.

— Poderia, sim — diz o homem. — Você dizer que eu não poderia não prova nada."

Nessas quatro respostas, os caracteres se revelam em sua diferença, na verdade, em sua oposição: o homem mostra reserva em relação à invenção poética da moça ("nunca vi elefantes brancos"), ela responde vivamente, parecendo censurá-lo por não ter senso poético ("você não poderia") e o homem (como se já conhecesse essa censura e fosse alérgico a ela) se defende ("poderia, sim").

Mais tarde, quando o homem dá à moça a certeza de seu amor, ela diz:

"— Mas se eu o fizer [quer dizer: se faço o aborto],

ainda ficará tudo bem, e se eu disser que as coisas são elefantes brancos você gostará disso?

— Gostarei. Gosto agora, mas não posso pensar nisso."

Será portanto essa atitude diferente em relação a uma metáfora que poderá mostrar a diferença entre seus caracteres? A moça, sutil e poética, e o homem, terra a terra?

Por que não, podemos imaginar a moça como sendo mais poética que o homem. Mas podemos também ver em seu achado metafórico um maneirismo, um preciosismo, uma afetação: querendo ser admirada como original e imaginativa, ela exibe seus pequenos gestos poéticos. Se esse for o caso, a ética e o patético das palavras que ela pronunciou sobre o mundo que, depois do aborto, não lhe pertencerá mais poderiam ser atribuídos mais ao seu gosto pela exibição lírica do que ao desespero autêntico da mulher que renuncia à maternidade.

Não, nada é claro naquilo que se esconde por trás desse diálogo simples e banal. Todo homem poderia dizer as mesmas frases que o americano, toda mulher, as mesmas frases que a moça. Quer um homem ame uma mulher ou não, quer minta ou seja sincero, diria a mesma coisa. Como se esse diálogo estivesse esperando aqui desde a criação do mundo para ser dito por inúmeros casais, sem nenhuma relação com sua psicologia individual.

Julgar moralmente esses personagens é impossível, já que eles nada mais têm a resolver; no momento em que se encontram na estação, tudo já está definitivamente decidido; já se explicaram mil vezes anteriormente; já discutiram mil vezes seus argumentos; aqui, a antiga disputa (antiga discussão, antigo drama) transparece apenas vagamente por trás da conversa em que nada mais está em jogo e as palavras são apenas palavras.

3

Mesmo que o conto seja extremamente *abstrato*, descrevendo uma situação quase arquetípica, é ao mesmo tempo extremamente *concreto*, tentando captar a superfície visual e acústica de uma situação, especialmente do diálogo.

Tentem reconstruir um diálogo de sua própria vida, o diálogo de uma briga ou um diálogo de amor. As situações mais caras, as mais importantes, ficam perdidas para sempre. O que sobra delas é seu sentido abstrato (defendi esse ponto de vista, ele um outro, fui agressivo, ele defensivo), eventualmente um ou dois detalhes, mas o concreto acústico-visual da situação em toda a sua continuidade fica perdido.

E não apenas fica perdido, mas nem ao menos ficamos espantados com essa perda. Ficamos resignados com a perda do concreto no tempo presente. Transformamos de imediato o momento presente em sua abstração. Basta contar um episódio que vivemos há poucas horas: o diálogo se encolhe num breve resumo, o ambiente, em alguns dados gerais. Isto é válido até mesmo para as lembranças mais fortes que, como um traumatismo, se impõem ao espírito: ficamos de tal modo fascinados por sua força que não nos damos conta de a que ponto seu conteúdo é esquemático e pobre.

Se estudamos, discutimos, analisamos uma realidade, a analisamos tal qual ela aparece em nosso espírito, em nossa memória. Só conhecemos a realidade do tempo passado. Não a conhecemos tal qual ela é no momento presente, no momento em que acontece, em que *é*. Ora, o momento presente não se parece com sua lembrança. A lembrança não é a negação do esquecimento. A lembrança é uma forma de esquecimento.

Podemos manter assiduamente um diário e anotar todos os acontecimentos. Um dia, relendo as notas, compreendemos que elas não são capazes de evocar uma só imagem concreta. E, pior ainda: que a imaginação não é capaz de socorrer nossa memória e de reconstruir o esquecido. Pois o presente, o concreto do presente, como fenômeno a ser examinado, como *estrutura*, é para nós um planeta desconhecido; não sabemos portanto nem como retê-lo em nossa memória nem como reconstruí-lo pela imaginação. Morremos sem saber que vivemos.

4

O romance só conhece a necessidade de se opor à perda da realidade fugidia do presente, penso eu, a partir de um certo momento de sua evolução. Os contos de Boccaccio são um exemplo dessa abstração na qual se transforma o passado desde o momento em que é contado: é uma narração que, sem nenhuma cena concreta, quase sem diálogos, como uma espécie de resumo, nos comunica o essencial de um acontecimento, a lógica causal de uma história. Os romancistas que vieram depois de Boccaccio eram excelentes contistas, mas captar o concreto do tempo presente não era nem o problema nem a ambição deles. Contavam uma história sem necessariamente imaginá-la em cenas concretas.

A cena torna-se o elemento *fundamental* da composição do romance (o local da virtuosidade do romancista) no começo do século xix. Em Scott, em Balzac, em Dostoiévski, o romance é composto como uma sequência de cenas minuciosamente descritas com seu ambiente, seu diálogo, sua ação; tudo aquilo que não está ligado a essa sequência de cenas, tudo o que não é uma cena, é considerado e sentido como secundário, até supérfluo. O romance se parece com um roteiro muito rico.

Assim que a cena se torna elemento fundamental do romance, a questão da realidade tal como é mostrada no momento presente é virtualmente colocada. Digo "virtualmente" pois, em Balzac ou em Dostoiévski, é mais uma paixão pelo dramático do que uma paixão pelo concreto, mais o teatro do que a realidade que inspiram a arte da cena. De fato, a nova estética do romance nascida então (estética do segundo tempo da história do romance) manifestou-se pelo caráter *teatral* da composição: quer dizer, por uma composição concentrada: a) sobre uma única intriga (ao contrário da prática da composição "picaresca", que é uma sequência de intrigas diferentes); b) sobre os mesmos personagens (deixar os personagens abandonarem o romance no meio do caminho, o que é normal para Cervantes, é considerado um defeito); c) num pequeno espaço de tempo (mesmo que entre o começo e o fim do romance se passe muito tempo, a ação se desenrola em poucos dias escolhidos; assim, por exemplo, *Os demônios* se passa em alguns meses, mas toda a sua ação, extremamente complexa, é distribuída em dois, depois em três, depois em dois e finalmente em cinco dias).

Na composição balzaquiana ou dostoievskiana do romance, é exclusivamente pelas cenas que toda a complexidade da intriga, toda a riqueza do pensamento (os grandes diálogos de ideias em Dostoiévski) e toda a psicologia dos personagens devem se exprimir com clareza; é por isso que uma cena, como acontece numa peça de teatro, se torna artificialmente concentrada, densa (os encontros múltiplos numa só cena) e desenvolvida com um rigor lógico improvável (para tornar claro o conflito de interesses e paixões); a fim de expressar tudo o que é essencial (essencial para a compreensão da ação e de seu sentido), ela deve renunciar a tudo o que é "inessencial", isto é, a tudo o que é banal, ordinário, cotidiano, ao que é acaso ou simples atmosfera.

É Flaubert ("nosso mestre mais respeitado", diz dele Hemingway numa carta a Faulkner) que faz o romance sair da teatralidade. Em seus romances, os personagens se encontram num ambiente cotidiano que (por sua indiferença, por sua indiscrição, mas também por sua atmosfera e seus sortilégios que tornam uma situação bela e inesquecível) intervém sem cessar em sua história íntima. Emma encontra-se com Léon na igreja, mas um guia, juntando-se a eles, interrompe sua conversa íntima com um longo falatório vazio. Monthérlant, em seu prefácio de *Madame Bovary*, ironiza o caráter metódico dessa maneira de introduzir um motivo antitético numa cena, mas a ironia não vem a propósito, pois não se trata de um *maneirismo artístico*; trata-se de uma *descoberta* por assim dizer *ontológica*: a descoberta da estrutura do momento presente; a descoberta da coexistência perpétua do banal e do dramático sobre o qual nossas vidas estão fundamentadas.

Apreender o concreto do tempo presente é uma das tendências constantes que, a partir de Flaubert, vai marcar a evolução do romance: ela encontrará seu apogeu, seu verdadeiro monumento, em *Ulysses* de James Joyce, que, em cerca de novecentas páginas, descreve dezoito horas de vida; Bloom para na rua com M'Coy: num único segundo, entre duas respostas que se seguem, acontecem inúmeras coisas: o monólogo interior de Bloom; seus gestos (com a mão no bolso, toca o envelope de uma carta de amor); tudo o que vê (uma mulher sobe numa carruagem e deixa as pernas à mostra); tudo o que ouve; tudo o que sente. Apenas um segundo do tempo presente torna-se, em Joyce, um pequeno infinito.

5

Na arte épica e na arte dramática, a paixão do concreto manifesta-se com uma força diferente; sua relação desigual com a prosa testemunha isso. A arte épica abandona os versos no século XVI, no século XVII, e torna-se assim uma arte nova: o romance. A literatura dramática passa do verso para a prosa mais tarde e muito mais lentamente. A ópera ainda mais tarde, na virada dos séculos XIX e XX, com Charpentier (*Louise*, 1900), com Debussy (*Pelléas e Mélisande*, 1902, que no entanto é escrita numa prosa poética muito estilizada), e com Janáček (*Jenůfa*, composta entre 1896 e 1902). Este último, na minha opinião, é o criador da mais importante estética da ópera da época da arte moderna. Digo "na minha opinião" porque não quero esconder minha paixão pessoal por ele. No entanto, não acho que esteja enganado, pois a contribuição de Janáček foi enorme: ele descobriu para a ópera um novo mundo, o mundo da prosa. Não quero dizer que tenha sido o único a fazê-lo (o Berg de *Wozzeck*, 1925, que aliás ele defendeu apaixonadamente, e mesmo o Poulenc de *A voz humana*, 1959, estão próximos dele), mas ele perseguiu seu objetivo de um modo especialmente consequente durante trinta anos, criando cinco obras maiores que ficarão: *Jenůfa*; *Kát'a Kabanová*, 1921; *A raposinha esperta*, 1924; *O caso Makropulos*, 1926; *Da casa dos mortos*, 1928.

Disse que ele descobriu o *mundo* da prosa, pois a prosa não é apenas uma forma de discurso diferente dos versos, mas uma face da realidade, sua face cotidiana, concreta, momentânea, que se encontra no oposto do mito. Aqui tocamos na convicção mais profunda de todo romancista: nada é mais dissimulado do que a prosa da vida; todo homem tenta perpetuamente transformar sua vida em mito; tenta, por assim dizer, transcrevê-la em versos, encobri-la com versos (com maus versos). Se o romance é uma arte e não apenas um "gênero literário", é porque a descoberta da prosa é sua missão ontológica, que nenhuma outra arte senão ele mesmo pode assumir inteiramente.

No caminho do romance em direção ao mistério da prosa, em direção à beleza da prosa (pois, sendo arte, o romance descobre a prosa como beleza), Flaubert deu um passo imenso. Na história da ópera, meio século mais tarde, Janáček empreendeu a revolução flaubertiana. Mas se, no romance, ela nos parece inteiramente natural (como se a cena entre Emma e Rodolfo tendo como fundo uma festa agrícola estivesse inscrita nos genes do romance como uma possibilidade quase inevitável), na ópera ela é por outro lado mais chocante, audaciosa, inesperada: contradiz o princípio do irrealismo e da estilização extrema que pareciam inseparáveis da própria essência da ópera.

À medida que experimentavam a ópera, os grandes modernistas tomaram com maior frequência o caminho de uma estilização ainda mais radical do que seus precursores do século XIX: Honegger volta-se para os assuntos lendários ou bíblicos, aos quais dá uma forma que oscila entre ópera e oratório; a única ópera de Bartók tem como assunto uma fábula simbolista; Schönberg escreveu duas óperas: uma é uma alegoria, a outra encena uma situação extrema no limite da loucura. As óperas de Stravínski, todas escritas sobre textos em verso, são extremamente estilizadas. Janáček, portanto, foi contra não apenas a tradição da ópera, mas também contra a orientação dominante da ópera moderna.

6

Desenho célebre: um homenzinho de bigodes, de vasta cabeleira branca, passeia, caderno aberto na mão, e escreve em notas musicais aquilo que ouve na rua. Era sua paixão: colocar a palavra viva em notação musical; deixou uma centena dessas "entonações da linguagem falada". Essa atividade curiosa fez com que fosse classificado, aos olhos de seus contemporâneos, no melhor dos casos entre os originais, no pior dos casos entre os ingênuos, que não compreenderam que a música é criação, e não imitação naturalista da vida.

Mas a pergunta não é: deve-se ou não imitar a vida?, a pergunta é: pode um músico admitir a existência do mundo sonoro fora da música e estudá-lo? Os estudos da linguagem falada podem esclarecer dois aspectos fundamentais de toda a música de Janáček:

1) *Sua originalidade melódica*: perto do fim do romantismo, o tesouro melódico da música europeia

parece esgotar-se (de fato, o número de variações de sete ou doze notas é aritmeticamente limitado); o conhecimento familiar das entonações que não provêm da música, mas do mundo objetivo das palavras, permite a Janáček ter acesso a outra inspiração, a outra fonte da imaginação melódica; suas melodias (talvez seja ele o último grande melodista da história da música) têm consequentemente um caráter muito específico e são imediatamente reconhecíveis:

a) contrariamente à máxima de Stravínski ("sejam econômicos com seus intervalos, cuidem deles como se fossem dólares"), elas contêm numerosos intervalos de extensão pouco comum, até então impensáveis numa "bela" melodia;

b) são muito sucintas, condensadas e quase impossíveis de desenvolver, prolongar e elaborar pelas técnicas até então utilizadas, que as tornavam imediatamente falsas, artificiais, "enganadoras", em outras palavras: são desenvolvidas a seu próprio modo; ou repetidas (teimosamente repetidas) ou então tratadas como se fossem uma palavra; por exemplo, progressivamente *intensificadas* (como alguém que insiste, que suplica) etc.;

2) *sua orientação psicológica*: em suas pesquisas sobre a linguagem falada, o que interessava a Janáček em primeiro lugar não era o ritmo específico da língua (da língua tcheca), sua prosódia (não encontramos nenhum recitativo nas óperas de Janáček), mas a influência que existe, sobre uma entonação falada, do estado psicológico momentâneo daquele que fala; ele procurava compreender a *semântica das melodias* (aparece assim como o oposto de Stravínski, que não concedia à música nenhuma capacidade de expressão; para Janáček, apenas a nota que é expressão, que é emoção, tem o direito de

existir); examinando a relação entre uma entonação e uma emoção, Janáček adquiriu, como músico, uma lucidez psicológica inteiramente única; seu verdadeiro *furor psicológico* (lembremos que Adorno fala de um "furor antipsicológico" em Stravínski) marcou toda sua obra; foi por causa dele que Janáček se voltou especialmente para a ópera, pois aí a capacidade de "definir musicalmente as emoções" pode se realizar e se comprovar melhor do que em qualquer outra forma musical.

7

O que é uma conversa, na realidade, no concreto do tempo presente? Não sabemos. Sabemos somente que as conversas no teatro, num romance ou até no rádio não se parecem com uma conversa real. Essa foi certamente uma das obsessões artísticas de Hemingway: captar a estrutura da conversa real. Tentemos definir essa estrutura comparando-a com a do diálogo teatral:

a) *no teatro*: a história dramática se realiza no diálogo e pelo diálogo; este portanto se concentra inteiramente na ação, em seu sentido, no seu conteúdo; *na realidade*: o diálogo é cercado pelo cotidiano que o interrompe, o atrasa, força seu desdobramento, o desvia, torna-o assistemático e alógico;

b) *no teatro*: o diálogo deve proporcionar ao espectador a ideia mais inteligível, mais clara do conflito dramático e dos personagens; *na realidade*: os personagens que conversam conhecem-se uns aos outros e conhecem o assunto de sua conversa: assim, para uma terceira pessoa, seu diálogo nunca é inteiramente compreensível;

permanece enigmático, como uma fina superfície do dito por cima da imensidão do não dito;

c) *no teatro*: o tempo limitado da representação implica uma economia máxima de palavras no diálogo; *na realidade*: os personagens voltam para o assunto já discutido, repetem-se, corrigem aquilo que acabaram de dizer etc.; essas repetições e inabilidades traem as ideias fixas dos personagens e emprestam à conversa uma melodia específica.

Hemingway soube não apenas apreender a estrutura do diálogo real mas também, a partir dela, criar uma *forma*, forma simples, transparente, límpida, bela, tal como aparece em "Colinas como elefantes brancos": a conversa entre o americano e a moça começa *piano*, com frases insignificantes; as repetições das mesmas palavras, das mesmas fórmulas, atravessam todo o relato dando-lhe uma unidade melódica (é essa melodização de um diálogo que, em Hemingway, é tão marcante, tão envolvente); a intervenção da dona da lanchonete trazendo a bebida freia a tensão, que, entretanto, aumenta progressivamente, atinge seu paroxismo perto do fim ("por favor por favor"), depois se acalma num *pianissimo* com as últimas palavras.

8

Dia 15 de fevereiro, quase noite. O crepúsculo das dezoito horas, perto da estação.

Na calçada, a maior, de faces rosadas, vestida com um casaco vermelho de inverno, vibra.

Ela começa bruscamente a falar:

"Vamos ficar esperando aqui e sei que ele não vem."
Sua companheira, as faces pálidas, com uma saia pobre, interrompe a última nota com o eco sombrio, triste, de sua alma:

"Tanto faz."
E ela não se mexeu, numa meia revolta, numa meia expectativa.

É assim que começa um dos textos que Janáček publicou regularmente, com suas notações musicais, num jornal tcheco.

Imaginemos que a frase "Vamos ficar esperando aqui e sei que ele não vem" seja uma réplica num texto que um ator está lendo em voz alta diante de um auditório. Provavelmente sentiríamos um certo artificialismo em sua entonação. Ele pronunciaria a frase como podemos imaginá-la em nossa lembrança; ou então simplesmente de maneira a emocionar seus ouvintes. Mas como se pronuncia essa frase numa situação real? Qual é a *verdade melódica* dessa frase? Qual é a verdade melódica de um momento perdido?

A procura do presente perdido; a procura da verdade melódica de um momento; o desejo de surpreender e captar essa verdade fugidia; o desejo de penetrar assim o mistério da realidade imediata que abandona constantemente nossa vida, que se torna assim a coisa menos conhecida do mundo. Estão aí, parece-me, o sentido ontológico dos estudos da linguagem falada e, talvez, o sentido ontológico de toda a música de Janáček.

Segundo ato de *Jenůfa*: depois de dias de febre puerperal, Jenůfa deixa o leito e fica sabendo que seu filho recém-nascido está morto. Sua reação é inesperada: "Então, ele está morto. Então, tornou-se um anjinho". E ela canta essas frases calmamente, com um estranho espanto, como se estivesse paralisada, sem gritos, sem gestos. A curva melódica sobe muitas vezes para cair imediatamente, como se ela também estivesse atingida de paralisia; é bela, é comovente, sem no entanto deixar de ser *exata*.

Novak, o compositor tcheco mais influente da época, caçoou dessa cena: "É como se Jenůfa lamentasse a morte de seu papagaio". Tudo está aí, nesse sarcasmo imbecil. Claro, não é assim que imaginamos uma mulher que fica sabendo da morte de seu filho! Mas um acontecimento como o imaginamos não tem grande coisa a ver com esse mesmo acontecimento como ele *é* quando acontece.

Janáček escreveu suas primeiras obras a partir de peças de teatro ditas realistas; no seu tempo, isso já perturbava as convenções; mas, por causa de sua sede de concreto, até mesmo a forma de drama em prosa logo lhe pareceu artificial: assim, ele mesmo escreveu os libretos de suas duas óperas mais audaciosas, um, *A raposinha esperta*, baseado num folhetim publicado num jornal, o outro, baseado em Dostoiévski; não baseado num romance (não existe maior armadilha do não natural e do teatral do que os romances de Dostoiévski!), mas segundo sua "reportagem" do campo siberiano: *Recordações da casa dos mortos*.

Como Flaubert, Janáček era fascinado pela coexistência dos diferentes conteúdos emocionais de uma única cena (ele conhecia a fascinação flaubertiana pelos "motivos antitéticos"); dessa forma, a orquestra, com ele, não assinala, mas, com muita frequência, contradiz o conteúdo emotivo do canto. Uma cena de *A raposinha esperta* sempre me emocionou particularmente: numa estalagem na floresta, um guarda-florestal, um professor de aldeia e a mulher do estalajadeiro conversam: lembram-se de seus amigos ausentes, do estalajadeiro, que nesse dia está na cidade, do vigário que se mudou, de uma mulher por quem o professor estivera apaixonado e que acabara de se casar. A conversa é inteiramente banal (nunca antes de Janáček tinha se visto num palco de ópera uma situação tão pouco dramática e tão banal), mas a orquestra é cheia de uma nostalgia quase insustentável, tanto que a cena se torna uma das mais belas elegias jamais escritas sobre a fugacidade do tempo.

9

Durante catorze anos, o diretor da ópera de Praga, um louco Kovařovic, regente e compositor submedíocre, recusou *Jenůfa*. Se acabou cedendo (em 1916, é ele próprio quem dirige a estreia, em Praga, de *Jenůfa*), não deixou todavia de insistir sobre o diletantismo de Janáček e acrescentou à partitura muitas mudanças, correções na orquestração e até mesmo cortes muito numerosos.

Janáček não se revoltava? Sim, claro, mas, como sabemos, tudo depende da correlação de forças. E era ele o fraco. Tinha 62 anos e era quase desconhecido. Se tivesse reclamado muito, poderia ter de esperar ainda outros dez anos pela estreia de sua ópera. Aliás, mesmo seus defensores, que tinham ficado eufóricos com o sucesso inesperado de seu mestre, estavam todos de acordo: Kovařovic fez um trabalho magnífico! Por exemplo, a última cena!

A última cena: depois que o filho natural de Jenůfa foi encontrado afogado, depois que a madrasta confessou seu crime e a polícia a levou, Jenůfa e Laco ficam sozinhos. Laco, o homem que Jenůfa desprezara por um outro, e que ainda a amava, decide ficar com ela. Nada espera esse casal a não ser a miséria, a vergonha, o exílio. Atmosfera inimitável: resignada, triste e no entanto iluminada por uma imensa compaixão. Harpa e cordas, a doce sonoridade da orquestra; o grande drama se fecha, de modo inesperado, com um canto calmo, tocante e intimista.

Mas podemos dar um final desses a uma ópera? Kovařovic transformou-a numa verdadeira apoteose do amor. Quem ousaria se opor a uma apoteose? Aliás, uma apoteose é tão simples: juntamos os metais que sustentam a melodia em imitação de contraponto. Procedimento eficaz, mil vezes experimentado. Kovařovic conhecia seu trabalho.

Esnobado e humilhado por seus compatriotas tchecos, Janáček encontrou em Max Brod um apoio firme e fiel. Mas quando Brod estuda a partitura de *A raposinha esperta*, não fica satisfeito com o final. As últimas palavras da ópera: uma brincadeira pronunciada por uma pequena rã que, gaguejando, se dirige ao guarda-florestal: "O que você você você supõe ver não, não, não sou eu, é o meu meu meu avô". *Mit dem Frosch zu schliessen, ist unmöglich.* Terminar com a rã é impossível, protesta Brod numa carta, propondo como última frase da ópera uma proclamação solene que deveria ser cantada pelo guarda-florestal: sobre a renovação da natureza, sobre a força eterna da juventude. Ainda uma apoteose.

Mas dessa vez Janáček não obedece. Reconhecido fora de seu país, ele não é mais fraco. Antes da estreia de *Da casa dos mortos*, voltou a sê-lo, pois tinha morrido. O fim da ópera é magistral: o herói é solto do campo. "Liberdade! Liberdade!", gritam os prisioneiros. Ao vê-lo partir, constatam com amargura: "Ele nem mesmo se vira!". Depois, o comandante berra: "Ao trabalho!". E é a última palavra da ópera, que termina com o ritmo brutal do trabalho forçado pontuado pelo som sincopado das correntes. A estreia, póstuma, foi dirigida por um discípulo de Janáček (o que também organizou para edição o manuscrito recentemente terminado da partitura). Ele alterou um pouco as últimas páginas: desse modo, o grito "Liberdade! Liberdade!" passou para o fim, aumentado numa longa coda acrescentada, coda alegre, uma apoteose (mais uma). Não é um acréscimo que, sob forma de redundância, vá prolongar a intenção do autor; é a negação dessa intenção; a mentira final na qual a verdade da ópera se anula.

10

Abro a biografia de Hemingway escrita em 1985 por Jeffrey Meyers, professor de literatura numa universidade americana, e leio o trecho que diz respeito a "Colinas como elefantes brancos". Primeira coisa que fico sabendo: "O conto talvez descreva a reação de Hemingway à segunda gravidez de Hadley" (primeira mulher de Hemingway). Segue-se este comentário que acompanho com minhas observações entre parênteses:

A comparação das colinas com elefantes brancos, animais irreais, que representam elementos inúteis, como o bebê não desejado, é crucial para o sentido da história (*a comparação, um pouco forçada, dos elefantes com bebês não desejados não é de Hemingway, mas do professor; ela deve preparar a interpretação sentimental do conto*). Torna-se um tema de discussão e desperta a oposição entre a mulher imaginativa, emocionada pela paisagem, e o homem de mente terra a terra que se recusa a compartilhar seu ponto de vista. [...] O tema do conto desenvolve-se a partir de uma série de polaridades: o natural opondo-se ao artificial, o instintivo opondo-se ao racional, a reflexão opondo-se ao falatório, o vivo opondo-se ao mórbido (*a intenção do professor torna-se clara: fazer da mulher o polo positivo e do homem o polo negativo da moral*). O homem, egocêntrico (*nada permite qualificar o homem de egocêntrico*), totalmente impermeável aos sentimentos da mulher (*nada permite dizê-lo*), tenta obrigá-la a abortar para que possam continuar exatamente como antes [...]. A mulher, para quem o aborto é totalmente contra a natureza, tem muito medo de matar a criança (*ela não pode matar a criança, já que esta não nasceu*) e de sofrer. Tudo que o homem diz é falso (*não: tudo que o homem*

149

diz são palavras banais de consolação, as únicas possíveis numa tal situação); tudo que a mulher diz é irônico *(existem muitas outras possibilidades para explicar as intenções da moça).* Ele a obriga a consentir com essa operação (*"não quero que você faça se não quiser", diz ele duas vezes e nada prova que não esteja sendo sincero)* para que reconquiste seu amor (*nada prova que ela tenha tido o amor desse homem nem que o tenha perdido),* mas o próprio fato de que ele possa pedir tal coisa implica que ela jamais poderá amá-lo novamente (*nada permite dizer o que vai se passar depois da cena da estação).* Ela aceita essa forma de autodestruição (*a destruição do feto e a destruição da mulher não são a mesma coisa)* depois de ter atingido, como o homem num subterrâneo descrito por Dostoiévski ou o Joseph K. de Kafka, um tal ponto de desdobramento de sua personalidade que apenas reflete a atitude de seu marido: "Então o farei. Pois para mim dá no mesmo". (*Refletir a atitude de um outro não é um desdobramento, senão todos os filhos que obedecessem a seus pais seriam desdobrados e se pareceriam com Joseph K.; depois, o homem no conto em nenhum momento é designado como marido; ele não pode aliás ser marido, pois o personagem feminino em Hemingway é sempre* girl, *moça; se o professor americano denomina-a sistematicamente* woman, *é um desprezo intencional: dá a entender que os dois personagens são o próprio Hemingway e sua mulher.)* Depois, ela se afasta dele e [...] encontra conforto na natureza; nos campos de trigo, nas árvores, no rio e nas colinas distantes. Sua contemplação pacífica (*não sabemos nada dos sentimentos que a visão da natureza desperta na moça, mas de modo algum estes são pacíficos, e são amargas as palavras que ela pronuncia imediatamente após),* quando ela levanta os olhos para as colinas para procurar ajuda, lembra o salmo 121 (*quanto mais o estilo de Hemingway é despojado, mais o estilo de seu comentador é empolado*). Mas esse estado de espírito é destruído pelo homem, que se obstina em prosseguir com a discussão (*leiamos atentamente o conto: não é o americano, é a moça que, depois desse breve afastamento, começa a falar primeiro e continua a discussão; o homem não procura discutir, quer apenas acalmar a moça*) e leva-a à beira da crise nervosa. Ela lhe faz então um apelo frenético: "Você pode fazer uma coisa por mim? [...] Então, cale-se. Eu lhe suplico!" que faz lembrar o "Jamais, jamais, jamais, jamais" do rei Lear (*a evocação de Shakespeare é vazia de sentido, como o foram as de Dostoiévski e de Kafka*).

Vamos resumir o resumo:

1) Na interpretação do professor americano, o conto é transformado em lição de moral: os personagens são julgados segundo sua relação com o aborto, que é considerado a priori como um mal: dessa forma, a mulher ("imaginativa", "emocionada com a paisagem") representa o natural, o vivo, o instintivo, a reflexão; o homem ("egocêntrico", "terra a terra") representa o artificial, o racional, o falatório, o mórbido (notemos a propósito que, no discurso moderno da moral, o racional representa o mal e o instintivo representa o bem);

2) a aproximação com a biografia do autor (e a transformação insidiosa de *girl* em *woman*) dá a entender que o herói negativo e imoral é o próprio Hemingway, que, por intermédio do conto, faz uma espécie de confissão; nesse caso, o diálogo perde todo o seu caráter enigmático, os personagens ficam sem mistério e, para quem leu a biografia de Hemingway, perfeitamente determinados e claros;

3) o caráter estético original do conto (seu apsicologismo, a ocultação intencional do passado dos personagens, o caráter não dramático etc.) não é levado em conta; pior, é *anulado*;

4) a partir dos dados elementares do conto (um homem e uma mulher encaminham-se para um aborto), o professor inventa seu próprio conto: um homem *egocêntrico* está forçando *sua esposa* a fazer aborto; a esposa *despreza* o marido, que *nunca mais conseguirá amar*;

5) esse outro conto é absolutamente desinteressante e todo feito de clichês; no entanto, comparado sucessivamente a Dostoiévski, a Kafka, à Bíblia e a Shakespeare (o professor conseguiu juntar num só parágrafo as maiores autoridades de todos os tempos), ele conserva seu status de grande obra e justifica assim o interesse que, apesar da indigência moral de seu autor, o professor lhe atribui.

II

É desse modo que a interpretação "kitschificadora" condena à morte as obras de arte. Uns quarenta anos antes que o professor americano tivesse acrescentado ao conto esse significado moralizador, "Colinas como elefantes brancos" foi traduzido na França com o título "Paraíso perdido", um título que não é de Hemingway (em nenhuma língua do mundo o conto tem esse título) e que sugere o mesmo significado (paraíso perdido: inocência de antes do aborto, felicidade da maternidade prometida etc. etc.).

A interpretação "kitschficadora", de fato, não é a tara pessoal de um professor americano ou de um regente de Praga do começo do século (depois dele, outros e outros regentes inseriram seus retoques em *Janůfa*); é uma sedução vinda do inconsciente coletivo, uma injunção do ponto metafísico, uma exigência social permanente, uma força. Essa força não visa apenas a arte, visa antes de tudo a própria realidade. Faz o contrário do que faziam Flaubert, Janáček, Joyce, Hemingway. No momento presente, ela estende o véu dos lugares-comuns a fim de que desapareça a face do real.

Para que você não saiba jamais aquilo que viveu.

SEXTA PARTE
Sobre obras e sobre aranhas

I

"Eu penso." Nietzsche põe em dúvida essa afirmação ditada por uma convenção gramatical que exige que
todo verbo tenha um sujeito. De fato, diz ele, "um pensamento vem quando 'ele' quer, de modo que é falsificar
os fatos dizer que o sujeito 'eu' é a determinação do
verbo 'penso'". Um pensamento vem para o filósofo "de
fora, do alto ou de baixo, como os acontecimentos ou
os sentimentos repentinos que lhe são destinados". Vem
com passo rápido. Pois Nietzsche gosta de "uma intelectualidade audaciosa e exuberante, que corre *presto*" e
caçoa dos sábios para quem o pensamento parece "uma
atividade lenta, hesitante, alguma coisa semelhante a
um trabalho árduo, frequentemente digno do suor dos
sábios heroicos, mas de modo algum essa coisa *leve*, divina, tão parente próxima da dança e da alegria exuberante".

Segundo Nietzsche, o filósofo

não deve *falsificar* com um arranjo falso de dedução e dialética as coisas e os pensamentos a que chegou por outro caminho [...]. Não deveríamos nem dissimular nem mudar a natureza do modo efetivo pelo qual nossos pensamentos nos ocorreram. Os livros mais profundos e mais inesgotáveis teriam sem dúvida sempre alguma coisa do caráter aforístico e ocasional dos *Pensamentos* de Pascal.

"Nem mudar a natureza do modo efetivo pelo qual nossos pensamentos nos ocorreram": acho extraordinário esse imperativo; e observo que, a partir de *Aurora*, todos os seus livros, todos os capítulos são escritos *num só parágrafo*: é para que um pensamento seja dito num só fôlego; é para que seja fixado tal qual chegou ao filósofo, rápido e dançante.

2

A vontade de Nietzsche de preservar "a maneira efetiva" como os pensamentos ocorrem é inseparável de seu outro imperativo, que me seduz tanto quanto o primeiro: resistir à tentação de transformar as ideias em sistema. Os sistemas filosóficos "apresentam-se hoje lamentáveis e desfeitos, se é que podemos dizer que são ainda apresentáveis". O ataque visa o inevitável dogmatismo do pensamento sistematizante e não menos sua forma: "uma comédia da sistematização: querendo *preencher seu sistema* e arredondar o horizonte que o circunda, tentam forçosamente colocar em cena *seus pontos fracos no mesmo estilo que seus pontos fortes*".

Sou eu que assinalo essas últimas palavras: um tratado filosófico que expõe um sistema está condenado a comportar algumas passagens fracas; não porque falte talento ao filósofo, mas porque a forma de um tratado exige isso; pois antes de chegar a suas conclusões inovadoras, o filósofo é obrigado a explicar o que os outros dizem do problema, é obrigado a refutar tais soluções, a propor outras, a escolher a melhor, a alegar argumentos para ela, aquilo que surpreende ao lado do que é óbvio etc. Também o leitor tem vontade de pular páginas para chegar finalmente ao centro da questão, ao pensamento original do filósofo.

Hegel, em sua *Estética*, nos oferece uma imagem soberbamente sintética da arte; ficamos fascinados com esse olhar de águia; mas o texto em si está longe de ser fascinante, ele não nos deixa perceber o pensamento na forma sedutora como ocorreu ao filósofo. "Querendo preencher seu sistema", Hegel pinta cada detalhe, parte por parte, centímetro por centímetro, de modo tal que sua *Estética* dá a impressão de uma obra em que colaboraram uma águia e centenas de heroicas aranhas que teceram teias para cobrir todos os recantos.

3

Para André Breton (*Manifestos do surrealismo*) o romance é um "gênero inferior"; seu estilo é o da "informação pura e simples"; o caráter das informações dadas é "inutilmente particular" (não me poupam de nenhuma das hesitações do personagem: seria ele louro, como se chamaria...?); e as descrições: "nada é comparável à inutilidade delas; são apenas superposições de imagens de catálogo"; segue como exemplo a citação de um parágrafo de *Crime e castigo*, uma descrição do quarto de

Raskólnikov, com este comentário: "Vão justificar que esse desenho de colégio está em seu lugar, e que nesse trecho do livro o autor tem suas razões para me oprimir". Mas, essas razões, Breton acha que são fúteis, pois: "Não dou importância aos momentos inúteis de minha vida". Depois, a psicologia: explicações longas que fazem com que tudo seja sabido de antemão: "este herói, cujas ações e reações são admiravelmente previstas, não deve se enganar, dando ao mesmo tempo a impressão de enganar os cálculos de que é objeto".

Apesar da característica parcial dessa crítica, não podemos ignorá-la; ela expressa fielmente a restrição da arte moderna com relação ao romance. Recapitulo: informações; descrições; atenção inútil a momentos inúteis da existência; a psicologia que torna todas as reações dos personagens conhecidas de antemão; resumindo, para condensar todas as restrições numa só, é a falta total de poesia que faz do romance, aos olhos de Breton, um gênero inferior. Falo de poesia tal como os surrealistas e toda a arte moderna a exaltaram, poesia não como gênero literário, escrita versificada, mas como certo conceito de beleza, como explosão do maravilhoso, momento sublime da vida, emoção concentrada, originalidade do olhar, surpresa fascinante. Aos olhos de Breton, o romance é uma *não poesia* por excelência.

4

A fuga: um só tema deslancha um encadeamento de melodias em contraponto, um fluxo que durante todo seu longo curso guarda o mesmo caráter, a mesma pulsão rítmica, sua unidade. Depois de Bach, com o classicismo musical, tudo muda: o tema melódico torna-se fechado e curto; por sua brevidade, torna o monotematismo quase impossível; para poder construir uma *grande composição* (no sentido: organização arquitetural de um conjunto de grande volume), o compositor é obrigado a fazer um tema seguir-se a outro; nasce assim uma nova arte da composição, que se realiza de modo exemplar com a sonata, forma mestra das épocas clássica e romântica.

Para fazer um tema seguir-se a outro, eram necessárias portanto passagens intermediárias ou, segundo Cesar Franck, *pontes*. A palavra "ponte" dá a entender que numa composição existem passagens que têm um sentido em si mesmas (os temas) e outras que estão a serviço das primeiras, sem que tenham sua intensidade ou importância. Ao escutar Beethoven, temos a impressão de que a intensidade muda constantemente: em certos momentos, alguma coisa se prepara, depois chega, depois não está mais ali, e outra coisa se faz esperar.

Contradição intrínseca da música do segundo tempo (classicismo e romantismo): ela vê sua razão de ser na capacidade de expressar as emoções, mas ao mesmo tempo elabora suas pontes, suas codas, seus desenvolvimentos, que são pura exigência da forma, resultado de um savoir-faire que nada tem de pessoal, que pode ser aprendido e que dificilmente pode dispensar a rotina e as fórmulas musicais comuns (que encontramos algumas vezes mesmo nos maiores, Mozart ou Beethoven, mas que são abundantes em seus contemporâneos menores). Assim, a inspiração e a técnica correm incessantemente o risco de se dissociar; nasce uma *dicotomia* entre aquilo que é espontâneo e aquilo que é elaborado; entre aquilo que quer expressar diretamente uma emoção e aquilo que é um desenvolvimento técnico dessa mesma emoção colocada em música; entre os temas e o *recheio* (termo pejorativo, apesar de inteiramente objetivo: pois é preciso realmente "encher", horizontalmente, o tempo entre os temas e verticalmente a sonoridade orquestral).

Conta-se que Mussorgski, tocando ao piano uma sinfonia de Schumann, parou antes do desenvolvimento e gritou: "Aqui é a matemática musical que começa!". É esse lado calculador, pedante, erudito, escolar, não inspirado que fez Debussy dizer que, depois de Beethoven, as sinfonias tornam-se "exercícios estudados e rígidos" e que as músicas de Brahms ou de Tchaikóvski "disputam entre si o monopólio do tédio".

5

Essa dicotomia intrínseca não torna a música do classicismo e do romantismo inferior à de outras épocas; a arte de todas as épocas comporta suas dificuldades estruturais; são elas que convidam o autor a procurar soluções inéditas e que desse modo colocam a evolução da forma em movimento. A música do segundo tempo, aliás, era consciente dessa dificuldade. Beethoven: insuflou na música uma intensidade expressiva jamais vista antes dele e, ao mesmo tempo, foi quem, como nenhum outro, moldou a técnica de composição da sonata: essa dicotomia portanto devia ser para ele particularmente pesada; para superá-la (sem que possamos dizer que ele o tenha sempre conseguido), inventou diversas estratégias:

— por exemplo, imprimindo à matéria musical situada além dos temas, a uma gama, a um arpejo, a uma transição, a uma coda, uma expressividade inesperada;

— ou então (por exemplo) dando outro sentido à forma das variações que antes dele não eram *senão* virtuosismo técnico, virtuosismo, além disso, dos mais frívolos: como se deixássemos um único manequim desfilar na passarela com vestidos diferentes; Beethoven revolucionou o sentido dessa forma para se perguntar: quais as possibilidades melódicas, rítmicas e harmônicas escondidas num tema? Até onde podemos ir na transformação sonora de um tema sem trair sua essência? E, no entanto, qual é afinal essa essência? Fazendo musicalmente essas perguntas, Beethoven não precisa de nada daquilo que a forma sonata trouxe, nem de pontes, nem de desenvolvimentos, de nenhum recheio; em nenhum segundo ele se sente fora daquilo que para ele é essencial, fora do mistério do tema. Seria interessante examinar toda a música do século XIX como uma tentativa constante de superar sua dicotomia estrutural. A propósito disso, penso no que chamaria de a *estratégia de Chopin*. Assim como Tchékhov não escreveu nenhum romance, assim também Chopin menospreza *a grande composição*, compondo quase exclusivamente trechos reunidos em coletâneas (mazurcas, *polonaises*, noturnos etc.). (Algumas exceções confirmam a regra: seus concertos para piano e orquestra são fracos.) Ele agiu contra o espírito de seu tempo, que considerava a criação de uma sinfonia, de um concerto, de um quarteto, como o critério obrigatório da importância de um compositor. Mas foi precisamente ao se distanciar desse critério que Chopin criou uma obra, talvez a única de sua época, que não envelheceu absolutamente e continuará *inteiramente* viva, praticamente sem exceções. *A estratégia de Chopin* me explica por que em Schumann, Schubert, Dvořák, Brahms as peças de menor volume, de menos sonoridade, pareceram-me mais vivas, mais belas (muitas vezes belíssimas) do que as sinfonias e concertos. Pois (constatação importante) a dicotomia intrínseca da música do segundo tempo é problema exclusivo da *grande composição*.

6

Criticando a arte do romance, Breton ataca suas fraquezas ou sua essência? Digamos, antes de tudo, que ele ataca a estética do romance nascida com o começo do século XIX, com Balzac. O romance vive então sua grande época, afirmando-se pela primeira vez como uma imensa força social; dotado de um poder de sedução quase hipnótico, prefigura a arte cinematográfica: sobre a tela de sua imaginação, o leitor vê as cenas do romance de modo tão real que fica prestes a confundi-las com as de sua própria vida; para cativar seu leitor, o romancista dispõe então de todo um *aparato para fabricar a ilusão do real*; mas é este aparato que produz para a arte do romance, ao mesmo tempo, uma dicotomia estrutural comparável à que a música do classicismo e do romantismo conheceu:

— uma vez que é a minuciosa lógica causal que torna os acontecimentos verossímeis, nenhuma partícula desse encadeamento deve ser omitida (por mais vazia de interesse que seja em si mesma);

— uma vez que os personagens devem parecer "vivos", é preciso acrescentar o maior número de informações possível a seu respeito (mesmo que elas sejam tudo menos surpreendentes);

— e existe a História: outrora, seu andar lento tornava-a quase invisível, depois ela acelerou o passo e subitamente (está aí a grande experiência de Balzac) tudo está mudando em volta dos homens durante suas vidas, as ruas em que passeiam, os móveis de suas casas, as instituições de que dependem; o *pano de fundo* das vidas humanas não é mais um cenário imóvel, conhecido de antemão, torna-se mutável, seu aspecto de hoje está condenado a ser esquecido amanhã, é preciso então apreendê-lo, pintá-lo (por mais enfadonhos que possam ser esses quadros do tempo que passa).

O *pano de fundo*: a pintura o descobriu na época da Renascença, com a perspectiva, que dividiu o quadro naquilo que se encontra à frente e no que está ao fundo. Resultou daí o problema particular da forma: por exemplo, o retrato: o rosto concentra mais atenção e interesse que o corpo e ainda mais que os drapeados do fundo. É inteiramente normal, é assim que vemos o mundo em torno de nós, mas o que é normal na vida não responde da mesma maneira às exigências da forma em arte: o desequilíbrio, num quadro, entre os lugares privilegiados e os outros que são a priori inferiores teria de ser disfarçado, tratado, reequilibrado. Ou então radicalmente afastado por uma nova estética que anularia essa dicotomia.

7

Depois de 1948, durante os anos da revolução comunista em meu país natal, compreendi o papel importante que a cegueira lírica desempenha na época do Terror, que para mim era a época na qual "o poeta reinava com o carrasco" (*A vida está em outro lugar*). Pensei então em Maiakóvski; para a revolução russa, sua genialidade foi tão indispensável quanto a polícia de Dzerjinski.

Lirismo, lirização, discurso lírico, entusiasmo lírico fazem parte integrante daquilo que chamamos mundo totalitário; esse mundo não é o gulag, é o gulag cujos muros exteriores estão cobertos de versos diante dos quais se dança.

Mais do que o Terror, a lirização do Terror foi para mim um traumatismo. Fiquei vacinado para sempre contra todas as tentações líricas. A única coisa que então desejava profundamente, avidamente, era um olhar lúcido e desabusado. Encontrei-o afinal na arte do romance. Por isso, ser romancista tornou-se para mim mais do que praticar um "gênero literário" entre outros; foi uma atitude, uma sabedoria, uma posição; uma posição que excluía toda identificação com uma política, com uma religião, com uma ideologia, com uma moral, com uma coletividade; uma *não identificação* consciente, decidida, raivosa, concebida não como evasão ou passividade, mas como resistência, desafio, revolta. Acabei tendo estes diálogos estranhos: "O senhor é comunista, senhor Kundera? — Não, sou romancista". "O senhor é dissidente? — Não, sou romancista." "O senhor é de esquerda ou de direita? — Nem uma coisa nem outra. Sou romancista."

Desde muito jovem, fui apaixonado pela arte moderna, por sua pintura, por sua música, por sua poesia. Mas a arte moderna estava marcada por seu "espírito lírico", por suas ilusões de progresso, por sua ideologia da dupla revolução, estética e política, e pouco a pouco fui tomando horror a tudo isso. No entanto, meu ceticismo em relação ao *espírito* de vanguarda não podia mudar em nada meu amor pelas obras da arte moderna. Eu as amava, e as amava mais ainda por serem as primeiras vítimas da perseguição stalinista; Cenek, de *A brincadeira*, foi mandado para um regimento militar porque gostava da pintura cubista; na época era assim: a Revolução tinha decidido que a arte moderna era sua inimiga ideológica número um, mesmo que os modernistas apenas desejassem cantá-la e celebrá-la; nunca me esquecerei de Konstantin Biebl: um poeta extraordinário (ah, como sabia de cor seus versos!) que, comunista entusiasmado, começou depois de 1948 a escrever poesia de propaganda tão consternadora quanto desesperada; um pouco depois, jogou-se de uma janela numa calçada de Praga, matando-se; em sua pessoa sutil, vi a arte moderna enganada, corneada, martirizada, assassinada, suicidada.

Minha fidelidade à arte moderna era portanto tão passional quanto minha ligação com o antilirismo do romance. Os valores poéticos caros a Breton, caros a toda a arte moderna (intensidade, densidade, imaginação desenfreada, desprezo pelos "momentos insignificantes da vida"), eu procurei exclusivamente no território romanesco desencantado. Mas que me encantavam mais ainda. O que explica, talvez, por que fiquei especialmente alérgico a essa espécie de tédio que irritava Debussy quando escutava as sinfonias de Brahms ou de Tchaikóvski; alérgico ao ruído das aranhas laboriosas. O que explica, talvez, por que fiquei por muito tempo surdo à arte de Balzac e por que o romancista que adorei particularmente tenha sido Rabelais.

8

Para Rabelais, a dicotomia dos temas e das pontes, do primeiro plano e do pano de fundo era coisa desconhecida. Vagarosamente, ele passa de um tema grave à enumeração dos métodos que o pequeno Gargântua inventou para limpar a bunda, e, no entanto, esteticamente, todas essas passagens, fúteis ou graves, têm para ele a mesma importância e me proporcionam o mesmo prazer. Era o que me encantava nele e em outros romancistas antigos: falam daquilo que acham fascinante e param quando a fascinação para. A liberdade de composição deles me fez sonhar: escrever sem fabricar um suspense, sem construir uma história e simular sua verossimilhança, escrever sem descrever uma época, um meio, uma cidade; abandonar tudo isso e não estar em contato senão com o essencial; o que quer dizer: criar uma composição em que as pontes e os recheios não tivessem nenhuma razão de ser e na qual o romancista não fosse obrigado, para satisfazer a forma e seus diktats, a afastar-se, mesmo que por uma única linha, daquilo que conta para ele, daquilo que o fascina.

9

A arte moderna: uma revolta contra a imitação da realidade em nome das leis autônomas da arte. Uma das primeiras exigências práticas dessa autonomia: que todos os momentos, todas as parcelas de uma obra tenham uma igual importância estética.

O impressionismo: a paisagem concebida como simples fenômeno óptico, de modo que o homem que se acha nela tem tanto valor quanto um arbusto. Os pintores cubistas e abstratos foram ainda mais longe, suprimindo a terceira dimensão que, inevitavelmente, cindia o quadro em planos de importância diferente.

Em música, a mesma tendência para a igualdade estética de todos os momentos de uma composição: Satie, cuja simplicidade nada mais é do que uma negação provocadora da retórica musical herdada. Debussy, o feiticeiro, o perseguidor das sábias aranhas. Janáček, suprimindo toda nota que não é indispensável. Stravínski, que se desvia da herança do romantismo e do classicismo e busca seus precursores entre os mestres do primeiro tempo da história da música. Webern, que volta a um monotematismo sui generis (quer dizer, dodecafônico) e atinge um despojamento que ninguém antes dele poderia imaginar.

E o romance: o questionamento do famoso lema de Balzac "o romance deve fazer concorrência ao estado civil"; esse questionamento não tem nada de bravata de vanguardistas que gostam de exibir sua modernidade para que seja notada pelos tolos; não faz senão tornar (discretamente) inútil (ou quase inútil, facultativo, sem importância) o instrumental para fabricar a ilusão do real. Sobre isso, esta pequena observação:

Se um personagem deve fazer concorrência ao estado civil é preciso que tenha de início um nome verdadeiro. De Balzac a Proust, um personagem sem nome é impensável. Porém o Jacques, de Diderot, não tem sobrenome, e seu mestre não tem sobrenome nem nome. Panurge é um sobrenome ou um nome? Os nomes sem sobrenomes, os sobrenomes sem nomes não são mais nomes porém *sinais*. O protagonista de *O processo* não é um Joseph Kaufmann ou Krammer ou Kohl, mas Joseph K. O de *O castelo* perderá até seu nome para se contentar com uma letra apenas. Em *Die Schuldlosen* [O inocente] de Broch: um dos protagonistas é designado pela letra A. Em *Os sonâmbulos*, Esch e Huguenau não têm nomes próprios. O protagonista de O *homem sem qualidades*, Ulrich, não tem sobrenome. Desde os meus primeiros contos, instintivamente, evitei dar sobrenomes aos personagens. Em *A vida está em outro lugar*, o herói tem apenas um nome, sua mãe só é designada pela palavra "mamãe", sua namorada como "a ruiva" e o amante desta como "o quarentão". Seria isso um maneirismo? Fazia isso na época com uma total espontaneidade cujo sentido só compreendi mais tarde: obedecia à estética do terceiro tempo: não queria que pensassem que meus personagens eram reais e possuíam um livrete de família.

10

Thomas Mann: *A montanha mágica*. Os trechos muito longos de informações sobre os personagens, sobre seu passado, sobre seu modo de vestir, seu modo de falar (com todos os tiques de linguagem) etc.: descrição muito detalhada da vida no sanatório: descrição do momento histórico (os anos que precedem a guerra de 1914): por exemplo, os costumes coletivos de então: paixão pela fotografia recentemente descoberta, a mania do chocolate, dos desenhos feitos com os olhos fechados, do esperanto, do jogo de cartas de paciência, de escutar o fonógrafo, das sessões de espiritismo (verdadeiro romancista, Mann caracteriza uma época por meio de costumes destinados ao esquecimento e que escapam à historiografia banal). O diálogo, prolixo, revela sua função informativa logo que abandona os poucos temas principais, e até mesmo os sonhos, em Mann, são descrições: depois de seu primeiro dia no sanatório, o jovem herói Hans Castorp adormece; nada mais banal que seu sonho, em que, com uma tímida deformação, todos os acontecimentos da véspera se repetem. Estamos muito longe de Breton, para quem o sonho é a fonte de uma imaginação solta. Aqui, o sonho tem apenas uma função: familiarizar o leitor com o meio, confirmar sua ilusão do real.

Assim, um vasto *pano de fundo* é minuciosamente descrito, diante do qual se representam o destino de Hans Castorp e a disputa ideológica entre dois tísicos: Settembrini e Naphta; um, franco-maçom, democrata, o outro, jesuíta, autocrata, os dois incuravelmente doentes. A tranquila ironia de Mann relativiza a verdade desses dois eruditos; sua disputa fica sem vencedor. Mas a ironia do romance vai mais longe e atinge seu auge na cena em que um e outro, rodeados por sua pequena plateia e embriagados por sua lógica implacável, levam ao extremo seus argumentos, de modo que ninguém mais sabe quem defende o progresso, quem defende a tradição, a razão, o irracional, o espírito, o corpo. Durante várias páginas, assistimos a uma confusão formidável em que as palavras perdem seu sentido e o debate torna-se mais violento à medida que as atitudes são intercambiáveis. Umas duzentas páginas adiante, no fim do romance (a guerra vai eclodir em breve), todos os habitantes do sanatório sucumbem a uma psicose de irritações irracionais, de ódios inexplicáveis; é quando Settembrini ofende Naphta e os dois se batem num duelo que acabará com o suicídio de um deles; e compreendemos de imediato que não é o irreconciliável antagonismo ideológico mas uma agressividade extrarracional, uma força obscura e inexplicável que impele os homens uns contra os outros e para a qual as ideias são apenas um anteparo, uma máscara, um pretexto. Assim, o magnífico "romance de ideias" é ao mesmo tempo (sobretudo para o leitor desse fim de século) um terrível questionamento das ideias em si, um grande adeus à época que acreditou nas ideias e sua capacidade para dirigir o mundo.

Mann e Musil. Apesar das datas aproximadas de seus respectivos nascimentos, suas estéticas pertencem a dois tempos diferentes da história do romance. Ambos são romancistas de imensa intelectualidade. No romance de Mann, a intelectualidade se revela antes de mais nada nos diálogos de ideias pronunciados diante do cenário de um *romance descritivo*. Em *O homem sem qualidades*, ela se manifesta a cada instante de uma forma total; frente a frente com o romance descritivo de Mann, eis o *romance pensado* de Musil. Neste também, os acontecimentos são situados em um ambiente concreto (Viena) e num momento concreto (o mesmo de *A montanha mágica*: exatamente antes da guerra de 1914), mas enquanto Davos é descrita por Mann em detalhes, Viena quase não é citada por Musil, o autor nem mesmo se dignando a evocar visualmente suas ruas, suas praças, seus parques (o instrumental para fabricar a ilusão do real é gentilmente afastado). Encontramo-nos no Império Austro-Húngaro, mas este é sistematicamente designado por um apelido ridicularizante: Kakania. A Kakania: o Império desconcretizado, generalizado, reduzido a algumas situações fundamentais, o Império transformado num modelo irônico do Império. Essa Kakania não é um *pano de fundo* do romance como a Davos de Mann, ela é um dos *temas* do romance; não é descrita, é analisada e pensada.

Mann explica que a composição de *A montanha mágica* é musical, baseada em temas que são desenvolvidos como numa sinfonia, que voltam, que se cruzam, que acompanham o romance durante todo o seu curso. É verdade, mas é necessário precisar que o tema não significa completamente a mesma coisa em Mann e em Musil. Primeiro, em Mann, os temas (tempo, corpo, doença, morte etc.) são desenvolvidos diante de um vasto *pano de fundo atemático* (descrições do lugar, do tempo, dos costumes, dos personagens) quase da mesma forma como os temas de uma sonata são envolvidos por uma música fora do tema, as pontes e as transições. Depois, os temas em sua obra têm um forte caráter *poli-histórico*, o que quer dizer: Mann serve-se de tudo com o que as ciências — sociologia, ciências políticas, medicina, botânica, física, química — podem esclarecer um ou outro tema; como se, por essa vulgarização do saber, ele quisesse criar um sólido pedestal didático para a análise dos temas; isto, na minha opinião, muito frequentemente e durante os trechos longos demais, afasta o romance do essencial, pois, lembremos, o essencial em um romance é aquilo que só um romance pode dizer.

A análise do tema, em Musil, é diferente: primo, ela nada tem de poli-histórica: o romancista não se disfarça de sábio, de médico, de sociólogo, de historiador, ele analisa *situações humanas* que não fazem parte de nenhuma disciplina científica, que fazem simplesmente parte da vida. Foi nesse sentido que Broch e Musil compreenderam a tarefa histórica do romance depois do século do realismo psicológico: se a filosofia europeia não soube pensar a vida do homem, pensar sua "metafísica concreta", é o romance que está predestinado a ocupar afinal esse terreno vazio em que ele será insubstituível (o que a filosofia existencial confirmou com uma prova a contrario; pois a análise da existência não pode se tornar sistema; a existência é insistematizável, e Heidegger, amante da poesia, errou ao ser indiferente à história do romance, em que se encontra o maior tesouro da sabedoria existencial).

Secundo, ao contrário de Mann, *tudo se torna tema* (questionamento existencial) em Musil. Se tudo se torna tema, o pano de fundo desaparece e, como num quadro cubista, só existe o primeiro plano. É nessa abolição do pano de fundo que vejo a revolução estrutural que Musil efetuou. Muitas vezes as grandes mudanças têm aparência discreta. Na verdade, a duração das reflexões, o tempo lento das frases, dão a *O homem sem qualidades* o aspecto de uma prosa "tradicional". Nada de inversões da cronologia. Nada de monólogos interiores ao estilo de Joyce. Nada de abolir a pontuação. Nada de destruição do personagem e da ação. Durante umas duas mil frases, seguimos a história modesta de um jovem intelectual, Ulrich, que frequenta algumas amantes, encontra alguns amigos e trabalha numa associação ao mesmo tempo séria e grotesca (é aí que o romance, de um modo quase imperceptível, se afasta do verossímil e torna-se jogo), que tem como objetivo preparar a celebração do Aniversário do Imperador, uma grande "festa da paz" planejada (uma bomba burlesca introduzida sob os alicerces do romance) para o ano de 1918. Cada pequena situação fica como que imobilizada em seu curso (é com esse tempo, tornado estranhamente mais lento, que, de vez em quando, Musil pode lembrar Joyce) para ser atravessada por um longo olhar que se pergunta o que ela significa, como compreendê-la e pensá-la.

Mann, em *A montanha mágica*, transformou aqueles poucos anos anteriores à guerra de 1914 numa magnífica festa de despedida do século XIX, que se fora para sempre. *O homem sem qualidades*, situado naqueles mesmos anos, explora as situações humanas da época que se seguiria: desse *período terminal* dos tempos modernos que começou em 1914 e, parecia, estava em vias de se encerrar diante de nossos olhos. Na realidade, tudo já está ali, nessa Kakania musiliana: o reino da técnica que ninguém domina e que transforma o homem em cifras estatísticas (o romance se abre numa rua onde aconteceu um acidente; um homem está estendido no chão e uma dupla de transeuntes comenta o acontecimento lembrando o número anual de acidentes de trânsito); a rapidez como valor supremo do mundo embriagado pela técnica; a burocracia opaca e onipresente (os escritórios de Musil fazem um grande pendant com os escritórios de Kafka); a esterilidade cômica das ideologias que nada compreendem, que não dirigem nada (o tempo glorioso de Settembrini e Naphta está terminado); o jornalismo, herdeiro daquilo que outrora chamamos de cultura; os colaboracionistas da modernidade; a solidariedade para com os criminosos como expressão mística da religião dos direitos do homem (Clarisse e Moosbrugger); a infantofilia e a infantocracia (Hans Sepp, um fascista antes do tempo, cuja ideologia está baseada na adoração da criança em nós).

11

Depois de terminar *A valsa dos adeuses*, bem no início dos anos 1970, dei minha carreira de escritor como encerrada. Era sob a ocupação russa e tínhamos, minha mulher e eu, outras preocupações. Foi só depois de um ano de nossa chegada na França (e graças à França), ao fim de seis anos de uma interrupção total, que, sem paixão, me pus a escrever. Intimidado, e para que pudesse sentir de novo o chão sob meus pés, quis restabelecer ligações com aquilo que já havia feito: escrever uma espécie de segundo volume de *Risíveis amores*. Que regressão! Com esses contos, vinte anos antes, começava meu itinerário de prosador. Felizmente, depois de esboçar dois ou três desses "risíveis amores bis", compreendi que estava fazendo algo bem diferente: não uma coletânea de contos, mas um romance (chamado em seguida de *O livro do riso e do esquecimento*), um romance em sete partes independentes, porém a tal ponto unidas que cada uma delas, lida isoladamente, perderia grande parte de seu sentido.

De imediato, desapareceu tudo o que ainda restava em mim de desconfiança a respeito da arte do romance: dando a cada parte o caráter de um conto, tornei inútil toda a técnica aparentemente inevitável da grande composição romanesca. Encontrei em meu projeto a velha *estratégia de Chopin*, a estratégia da *pequena composição* que não precisa de passagens atemáticas. (Será que isto quer dizer que o conto é a pequena forma do romance? Sim. Não há diferença ontológica entre conto e romance, mas esta existe entre romance e poesia, romance e teatro. Vítimas das contingências do vocabulário, não temos um termo único para abranger essas duas formas, a grande e a pequena, da mesma arte.)

Como elas são interligadas, essas sete pequenas composições independentes, se não têm nenhuma ação comum? O único laço que as mantém juntas, que faz delas um romance, é a unidade dos mesmos temas. Dessa forma, encontrei em meu caminho uma outra velha estratégia: a *estratégia beethoveniana das variações*; graças a ela, pude ficar em contato direto e ininterrupto com algumas questões existenciais que me fascinam e que, nesse romance-variações, são exploradas progressivamente sob múltiplos ângulos.

Essa exploração progressiva dos temas tem uma lógica e é esta que determina o encadeamento das partes. A primeira parte ("As cartas perdidas") expõe o tema do homem e da História em sua versão elementar: o homem se chocando com a História que o esmaga. Na segunda parte ("Mamãe"), o mesmo tema é invertido: para mamãe, a chegada dos tanques russos representa pouca coisa em comparação às peras de seu jardim ("o tanque é perecível e a pera é eterna"). A sexta parte ("Os anjos"), em que a heroína — Tamina — morre afogada, poderia parecer a conclusão trágica do romance; entretanto, ele não termina ali, mas na parte seguinte, que não é pungente, nem dramática, nem trágica; conta a vida erótica de um novo personagem, Jan. O tema da História aparece aí brevemente e pela última vez: "Jan tinha amigos que, como ele, haviam deixado sua antiga pátria e que consagravam todo o seu tempo à luta por sua liberdade perdida. Já lhes acontecera a todos sentir que o elo que os unia a seu país era nada mais do que uma ilusão, e era apenas por uma persistência de hábito se eles ainda estavam prontos a morrer por algo que lhes era indiferente"; chegamos a essa *fronteira* metafísica (a fronteira: outro tema trabalhado no romance) por trás da qual tudo perde o sentido. A ilha onde termina a vida trágica de Tamina foi dominada pelo *riso* (outro tema) dos anjos, enquanto na sétima parte ressoa o "riso do diabo" que transforma tudo (tudo: História, sexo, as tragédias) em fumaça. Somente ali o caminho dos temas atinge seu fim e o livro pode encerrar-se.

12

Nos seis livros que representam sua maturidade (*Aurora, Humano, demasiado humano, A gaia ciência, Além do bem e do mal, Genealogia da moral, Crepúsculo dos ídolos*), Nietzsche persegue, desenvolve, elabora, afirma e refina o mesmo arquétipo de composição. Princípios: a unidade elementar do livro é o capítulo; seu tamanho vai de uma só frase a várias páginas; sem exceção, os capítulos consistem em apenas um parágrafo; são sempre numerados; em *Humano, demasiado humano* e em *A gaia ciência*, numerados e acrescidos de um título. Um certo número de capítulos forma uma parte, e um certo número de partes, um livro. O livro é construído sobre um tema principal, definido pelo título (além do bem e do mal, a gaia ciência, a genealogia da moral etc.); as partes tratam de temas derivados do tema principal (tendo títulos elas também, como acontece em *Humano, demasiado humano, Além do bem e do mal, O crepúsculo dos ídolos*, ou sendo simplesmente numeradas). Alguns desses temas derivados são repartidos verticalmente (isto é: cada parte trata de preferência do tema determinado pelo título da parte), enquanto outros atravessam todo o livro. Desse modo, nasce uma composição que é simultaneamente articulada ao máximo (dividida em numerosas unidades relativamente autônomas) e unida ao máximo (os mesmos temas voltam constantemente). Eis uma composição dotada de um extraordinário senso do ritmo baseado na capacidade de alternar capítulos curtos e longos: assim, por exemplo, a quarta parte de *Além do bem e do mal* consiste exclusivamente em aforismos muito curtos (como uma espécie de divertimento, de scherzo). Mas sobretudo: eis uma composição em que não há necessidade de recheios, de transições, de trechos fracos, em que a tensão jamais cai, pois vemos apenas os pensamentos ocorrendo "de fora, de cima ou de baixo, como os acontecimentos, como os raios".

13

Se o pensamento de um filósofo está a tal ponto ligado à organização formal de seu texto, pode o mesmo existir fora desse texto? Será que podemos extrair o pensamento de Nietzsche da prosa de Nietzsche? Certamente, não. O pensamento, a expressão e a composição são inseparáveis. Será que o que é válido para Nietzsche é válido de modo geral? A saber: será que podemos dizer que o pensamento (o significado) de uma obra é sempre e por princípio indissociável da composição?

Curiosamente, não, não podemos dizê-lo. Durante muito tempo, em música, a originalidade de um compositor consistia exclusivamente em sua inventividade melódico-harmônica, que ele distribuía, por assim dizer, em esquemas de composição que não dependiam dele, que eram mais ou menos preestabelecidos: as missas, as suítes barrocas, os *concerti* barrocos etc. Suas diferentes partes são organizadas numa ordem determinada pela tradição, de modo que, por exemplo, com a regularidade de um relógio, a suíte termina sempre com uma dança rápida etc. etc.

As 32 sonatas de Beethoven, que abrangem quase toda a sua vida criativa, desde seus 25 anos até seus 52 anos, representam uma imensa evolução durante a qual a composição da sonata se transforma completamente.

As primeiras sonatas obedecem ao esquema herdado de Haydn e de Mozart: quatro movimentos — o primeiro: alegro, escrito de acordo com a forma sonata; segundo: adágio, escrito de acordo com a forma do lied; terceiro: minueto ou scherzo, num tempo moderado; quarto: rondó, num tempo rápido.

A desvantagem dessa composição salta aos olhos: o movimento mais importante, o mais dramático, o mais longo, é o primeiro; a sucessão dos movimentos tem, portanto, uma evolução descendente: do mais grave para o mais leve; além disso, antes de Beethoven, a sonata fica sempre a meio caminho entre uma coletânea de fragmentos (tocam-se muitas vezes movimentos isolados das sonatas nos concertos daquela época) e uma composição indivisível e unida. À medida que evoluem suas 32 sonatas, Beethoven substitui progressivamente o velho esquema da composição por um esquema mais concentrado (reduzido muitas vezes a três, até mesmo a dois movimentos), mais dramático (o centro de gravidade desloca-se para o último movimento), mais unido (sobretudo pela mesma atmosfera emocional). Mas o verdadeiro sentido dessa evolução (que com isso se torna uma verdadeira *revolução*) não era o de substituir um sistema insatisfatório por outro, melhor, mas de *quebrar o próprio princípio do esquema de composição preestabelecido.*

Na verdade, essa obediência coletiva ao esquema prescrito da sonata ou da sinfonia tem alguma coisa de ridículo. Imaginemos que todos os grandes sinfonistas, incluindo aí Haydn e Mozart, Schumann e Brahms, depois de ter chorado em seu adágio, se disfarçam em meninos de colégio quando chega o último movimento e correm para o pátio de recreio para aí dançar, pular e gritar a plenos pulmões que tudo está bem quando acaba bem. É o que podemos chamar de "a tolice da música". Beethoven compreendeu que o único caminho para superá-la era o de *tornar a composição radicalmente individual*.

Esta é a primeira cláusula de seu testamento artístico destinado a todas as artes, a todos os artistas, e que eu formularei assim: não se deve considerar a composição (a organização arquitetural do conjunto) uma matriz preexistente, cedida ao autor para que este a recheie com sua criação; a composição deve ser em si mesma uma criação, criação que exige toda a originalidade do autor.

Não saberia dizer até que ponto essa mensagem foi ouvida e compreendida. Mas o próprio Beethoven soube extrair dela todas as consequências, magistralmente, em suas últimas sonatas, cada uma composta de uma maneira única, jamais vista.

14

A sonata *Opus 111*; ela tem apenas dois movimentos: o primeiro, dramático, é elaborado de um modo mais ou menos clássico em forma de sonata; o segundo, de caráter meditativo, foi escrito sob a forma de variações (forma esta, antes de Beethoven, menos comum numa sonata): nada de contrastes entre as variações particulares, somente uma gradação que acrescenta sempre um novo matiz à variação precedente e dá a esse longo movimento uma excepcional unidade de tom.

Quanto mais perfeito é cada um dos movimentos em sua unidade, mais ele se opõe ao outro. Desproporção da duração: o primeiro movimento (na execução de Schnabel): 8 minutos e 14 segundos; o segundo: 17 minutos e 42 segundos. A segunda metade da sonata é, portanto, mais de duas vezes mais longa que a primeira (caso sem precedente na história da sonata)! Além disso: o primeiro movimento é dramático, o segundo é calmo, reflexivo. Ora, começar dramaticamente e terminar com uma meditação tão longa, isso parece contradizer todos os princípios arquiteturais e condenar a sonata à perda de toda tensão dramática, antes tão cara a Beethoven.

Mas é precisamente a vizinhança inesperada desses dois movimentos que é eloquente, que fala, que se torna o gesto *semântico* da sonata, seu significado metafórico evocando a imagem de uma vida dura, curta, e do canto nostálgico que a segue, sem fim. Esse significado metafórico, impossível de se captar com palavras, e no entanto forte e insistente, dá a esses dois movimentos uma unidade. Unidade inimitável. (Poderíamos imitar para sempre a composição impessoal da sonata mozartiana; a composição da sonata *Opus 111* é a tal ponto pessoal que uma imitação sua seria uma falsificação.)

A sonata *Opus 111* me faz pensar em *Palmeiras selvagens* de Faulkner. Ali se alternam um relato de amor e o de um prisioneiro fugido, relatos que não têm nada em comum, nenhum personagem e nem mesmo nenhum parentesco perceptível de motivos ou de temas. Composição que não pode servir de modelo para nenhum outro romancista; que só pode existir uma vez; que é arbitrária, não recomendável, injustificável; injustificável pois por trás dela escutamos um *es muss sein* que torna toda justificativa supérflua.

15

Por sua rejeição ao sistema, Nietzsche muda em profundidade a maneira de filosofar: como definiu Hannah Arendt, o pensamento de Nietzsche é *experimental*. Seu primeiro impulso é o de corroer o que está imobilizado, minar os sistemas comumente aceitos, abrir brechas para o desconhecido; o filósofo do futuro será *experimental*, diz Nietzsche; livre para partir em diferentes direções que podem, a rigor, ser opostas.

Se sou partidário de uma forte presença do pensar em um romance, isto não quer dizer que eu goste daquilo que se chama o "romance filosófico", essa sujeição do romance a uma filosofia, essa "transformação em narrativa" de ideias morais ou políticas. O pensamento autenticamente romanesco (como o romance conhece desde Rabelais) é sempre assistemático; indisciplinado; é próximo do pensamento de Nietzsche; é experimental; força brechas em todos os sistemas de ideias que nos cercam; examina (notadamente por intermédio dos personagens) todos os caminhos de reflexão, tentando ir até o extremo de cada um deles.

Sobre o pensamento sistemático, ainda isto: aquele que pensa é automaticamente levado a sistematizar; é sua eterna tentação (é também a minha, até mesmo ao escrever este livro): tentação de descrever todas as consequências de suas ideias; de prever todas as objeções e refutá-las de antemão; de assim formar barricadas em torno de suas ideias. Ora, é preciso que aquele que pensa não se esforce em persuadir os outros a aceitar sua verdade; desse modo, ele se acharia no caminho de um sistema; no lamentável caminho do "homem de convicções"; os homens políticos gostam de se qualificar assim; mas o que é uma convicção? É um pensamento que parou, que se imobilizou, e o "homem de convicções" é um homem tacanho; o pensamento experimental não deseja persuadir, mas inspirar; inspirar um outro pensamento, pôr em movimento o pensar; é por isso que um romancista deve sistematicamente dessistematizar seu pensamento, dar um pontapé na barricada que ele mesmo ergueu em torno de suas ideias.

16

A rejeição nietzschiana ao pensamento sistemático tem outra consequência: uma imensa *ampliação temática*; caem os compartimentos entre as diferentes disciplinas filosóficas que impediram a visão do mundo real em toda sua extensão e a partir daí toda coisa humana pode se tornar objeto do pensamento de um filósofo. Isso também aproxima a filosofia e o romance: pela primeira vez, a filosofia faz reflexões não sobre a epistemologia, sobre a estética, sobre a ética, sobre a fenomenologia do espírito, sobre a crítica da razão etc., mas sobre *tudo que é humano*.

Ao expor a filosofia nietzschiana, os historiadores ou os professores não somente a abreviam, é evidente, mas desfiguram-na transformando-a no oposto do que é, ou seja, num sistema. Em seu Nietzsche sistematizado, será que ainda há lugar para as reflexões dele sobre as mulheres, sobre os alemães, sobre a Europa, sobre Bizet, sobre Goethe, sobre o kitsch hugoliano, sobre Aristófanes, sobre a leveza do estilo, sobre o tédio, sobre o jogo, sobre as traduções, sobre o espírito de obediência, sobre a posse do outro e sobre todas as situações psicológicas dessa posse, sobre os eruditos e os limites de seu espírito, sobre os *Schauspieler*, comediantes que se exibem sobre o palco da História, será que ainda há lugar para mil observações psicológicas que não se encontram em nenhum outro lugar, a não ser talvez na obra de alguns raros romancistas?

Assim como Nietzsche aproximou a filosofia e o romance, Musil aproximou o romance e a filosofia. Essa aproximação não significa que Musil seja menos romancista que outros romancistas, da mesma forma que Nietzsche não é menos filósofo que outros filósofos.

O *romance pensado* de Musil consegue também uma ampliação temática nunca vista; daí em diante, nada do que pode ser pensado fica excluído da arte do romance.

17

Quando eu tinha treze, catorze anos, ia tomar aulas de composição musical. Não que eu fosse uma criança prodígio, mas por causa da delicadeza pudica de meu pai. Era a guerra, e seu amigo, um compositor judeu, teve de usar a estrela amarela; as pessoas começaram a evitá-lo. Meu pai, sem saber como manifestar-lhe sua solidariedade, teve a ideia de pedir-lhe, nesse exato momento, que me desse aulas. Confiscavam-se então os apartamentos dos judeus, e o compositor precisava mudar-se constantemente para outro lugar cada vez menor, até acabar, antes da sua partida para Terezin, numa pequena moradia onde acampavam diversas pessoas em cada cômodo, amontoadas. A cada vez, ele conservara seu pequeno piano, em que eu tocava meus exercícios de harmonia e de polifonia, enquanto à nossa volta desconhecidos se entregavam a suas ocupações.

De tudo isso, ficaram apenas minha admiração por ele e três ou quatro imagens. Principalmente esta: ao me acompanhar depois da aula, ele para perto da porta e diz de repente: "Há muitos trechos surpreendentemente fracos em Beethoven. Mas são os trechos fracos que dão destaque aos trechos fortes. É como um campo sem o qual a bela árvore que nele cresce não nos daria prazer".

Ideia curiosa. E é ainda mais curioso que ela me tenha ficado na memória. Talvez tenha me sentido honrado em poder ouvir uma confidência do mestre, um segredo, um truque que só os iniciados tinham o direito de saber.

Seja como for, essa curta reflexão de meu professor de então perseguiu-me por toda a vida (eu a defendi, eu a combati, jamais cheguei a um bom termo); sem ela, com toda certeza este texto não teria sido escrito.

Porém, mais cara que essa reflexão em si é para mim a imagem de um homem que, algum tempo antes de sua viagem atroz, reflete em voz alta diante de uma criança sobre o problema da composição da obra de arte.

SÉTIMA PARTE
O mal-amado da família

Referi-me várias vezes à música de Leoš Janáček. Na Inglaterra e na Alemanha ele é bem conhecido. E na França? E nos países latinos? E o que é que podemos conhecer dele? Vou (em 15 de fevereiro de 1992) à Fnac e vejo o que se pode encontrar de sua obra.

I

Encontro imediatamente *Tarás Bulba* (1918) e *Sinfonietta* (1926): as obras orquestrais de seu *grande período*; na qualidade de obras mais populares (as mais acessíveis ao melômano médio), são colocadas quase sempre no mesmo disco.

Suíte para orquestra de cordas (1877), *Idílio para orquestra de cordas* (1878), *Danças laquianas* (1890). Peças pertencentes à *pré-história* de sua criação e que, por sua insignificância, surpreendem aqueles que procuram uma grande música com a assinatura de Janáček.

Detenho-me nas palavras "pré-história" e "grande período":

Janáček nasceu em 1854. Todo o paradoxo está aí. Esse grande personagem da música moderna é o mais velho dos últimos grandes românticos: tinha quatro anos mais que Puccini, seis anos mais que Mahler, dez anos mais que Richard Strauss. Durante muito tempo, ele escreve composições que, por causa de sua alergia aos excessos do romantismo, se distinguem apenas por seu tradicionalismo acentuado. Sempre insatisfeito, baliza sua vida com partituras rasgadas; é somente na virada do século que chega ao seu próprio estilo. Nos anos 1920, suas composições tomam lugar nos programas de concerto de música moderna ao lado de Stravínski, Bartók, Hindemith; mas tem trinta, quarenta anos mais que eles. Conservador solitário em sua juventude, torna-se inovador quando velho. Mas está sempre só. Pois, apesar de solidário com os grandes modernistas, é diferente deles. Chegou ao seu estilo sem eles, seu modernismo tem outra natureza, outra gênese, outras raízes.

2

Continuo meu passeio pelas prateleiras da Fnac: com facilidade, encontro os dois quartetos (1924, 1928): é o apogeu de Janáček: todo o seu *expressionismo* está aí concentrado numa perfeição total. Cinco gravações, todas excelentes. Lamento entretanto não ter conseguido encontrar (já faz muito tempo que a procuro em vão em disco laser) a interpretação mais autêntica desses quartetos (e que continua sendo a melhor), a do quarteto Janáček (o disco antigo Supraphon 50556; prêmio da

Academia Charles Cros, Preis der Deutschen Schallplattenkritik).

Detenho-me na palavra "expressionismo":

Embora ele nunca tenha se referido a isso, Janáček é na realidade o único grande compositor a quem poderíamos aplicar esse termo, inteiramente e em seu sentido literal: para ele tudo é expressão, e nenhuma nota tem direito à existência se não é expressão. Daí a ausência total daquilo que é simples "técnica": transições, desenvolvimentos, mecânica do recheio com o contraponto, rotina de orquestração (ao contrário, atração por conjuntos inéditos, constituídos de alguns instrumentos solo) etc. Para o executante, o resultado é que, cada nota sendo expressão, é preciso que cada nota (não somente um motivo, mas cada nota de cada motivo) possua uma clareza expressiva máxima. Ainda essa precisão: o expressionismo alemão é caracterizado por uma predileção pelos estados de alma excessivos, o delírio, a loucura. O que chamo de expressionismo, em Janáček, nada tem a ver com essa unilateralidade: é um riquíssimo leque emocional, um confronto sem transições, vertiginosamente compactado, de ternura e de brutalidade, de furor e de paz.

3

Encontro a bela *Sonata para violino e piano* (1921), o *Conto para violoncelo e piano* (1910), *Diário de um desaparecido, para piano, tenor e três vozes femininas* (1919). Depois, as composições de todos os seus últimos anos; é a explosão de sua criatividade; nunca ele foi tão livre quanto aos setenta anos, transbordando então de humor e de inventividade; *A missa glagolítica* (1926): ela não se parece com nenhuma outra: é mais uma orgia do que uma missa; e é fascinante. Da mesma época, *Sexteto para instrumentos de sopro* (1924), *Říkadla* (1927) e as duas obras para piano e diferentes instrumentos, de que gosto particularmente, mas cuja execução raramente me satisfaz: *Capriccio* (1926) e *Concertino (1925).*

Conto cinco gravações das composições para piano solo: a *Sonata* (1905) e dois ciclos: *Po zarostlém chodníčku* [Na vereda recoberta] (1902) e *Nas brumas* (1912); essas belas composições são sempre reunidas em um só disco e sempre acompanhadas (desastradamente) de outras peças menores pertencentes à sua "pré-história". São, aliás, os pianistas em especial que se enganam, não só quanto ao espírito mas quanto à estrutura da música de Janáček: quase todos sucumbem a uma romantização piegas: suavizando o lado brutal dessa música, esnobando seus *forte* e entregando-se ao delírio do rubato quase sistemático. (As composições para piano são particularmente desarmadas contra o rubato. É, na verdade, difícil organizar uma inexatidão rítmica com uma orquestra. Mas o pianista está sozinho. Sua alma temível pode maltratar sem controle e sem restrições.)

Detenho-me na palavra "romantização":

O expressionismo janáčekiano não é um prolongamento exacerbado do sentimentalismo romântico. É, ao contrário, uma das possibilidades históricas para se sair do romantismo. Possibilidade oposta à escolhida por Stravínski: ao contrário deste, Janáček não censura os românticos por terem falado dos sentimentos; censura-os por falsificarem esses sentimentos; por substituírem uma gesticulação sentimental ("uma mentira romântica", diria René Girard*) pela verdade imediata das emoções. Ele é apaixonado pelas paixões, porém mais ainda pela precisão com que quer exprimi-las. Stendhal sim, Hugo não. O que implica a ruptura com a música do romantismo, com seu espírito, com sua sonoridade hipertrofiada (a economia sonora de Janáček chocou todo o mundo em sua época), com sua estrutura.

4

Detenho-me na palavra "estrutura":
• enquanto a música romântica tentava impor uma unidade emocional a um movimento, a estrutura musical janáčekiana repousa sobre a alternância incomum de fragmentos emocionais diferentes, até contraditórios, na mesma peça, no mesmo movimento;
• à diversidade emocional corresponde a diversidade de *tempi* e de metros que se alternam com a mesma frequência inabitual;
• a coexistência de diversas expressões contraditórias num espaço muito limitado cria uma semântica original (é a *vizinhança inesperada das emoções* que espanta e fascina). A coexistência das emoções é horizontal (elas se seguem) mas também (o que é ainda mais incomum) vertical (elas soam simultaneamente como *polifonia de emoções*). Por exemplo: escutamos ao mesmo tempo uma melodia nostálgica, por baixo um furioso

---

* Tive enfim oportunidade de citar o nome de René Girard: seu livro *Mentira romântica e verdade romanesca* é o melhor que já li sobre a arte do romance. (N. A.)

motivo *ostinato* e, por cima, outra melodia que se parece com gritos.

Se o executante não compreende que cada uma dessas linhas tem a mesma importância semântica e que, portanto, nenhuma delas deve ser transformada em simples acompanhamento, em murmúrio impressionista, ele passa ao largo da estrutura própria à música de Janáček.

A coexistência permanente de emoções contraditórias dá à música de Janáček seu caráter *dramático*; dramático no sentido mais literal do termo; essa música não evoca um narrador que conta; evoca uma cena em que, *simultaneamente*, diversos atores estão presentes, falam, confrontam-se; com frequência, encontramos a semente desse *espaço dramático* num único motivo melódico. Como nestes primeiros compassos da *Sonata para piano*:

O motivo tocado pela mão esquerda no quarto compasso ainda faz parte do motivo (é composto dos mesmos intervalos), mas forma ao mesmo tempo — do ponto de vista da emoção — sua oposição. Alguns compassos adiante, vemos a que ponto esse motivo "divisionista" contradiz, por sua brutalidade, a melodia elegíaca da qual é proveniente:

No compasso seguinte, as duas melodias, a original e a "divisionista", se encontram; não mais numa harmonia emocional, mas numa contraditória polifonia de emoções, da mesma forma como podem se encontrar um pranto nostálgico e uma revolta:

Todos os pianistas cujas execuções consegui encontrar na Fnac, querendo imprimir a esses compassos uma uniformidade emocional, negligenciam o *forte* prescrito por Janáček no quarto compasso; privam assim o motivo "divisionista" de seu caráter brutal e a música de Janáček de toda sua inimitável tensão, pela qual ela é identificável (se for bem compreendida) imediatamente, desde as primeiras notas.

5

As óperas: não encontro as *Excursões do sr. Broucek* e não o lamento, considerando essa obra um tanto quanto deficiente; todas as outras estão lá, sob a regência de Sir Charles Mackerras: *Fatum* (escrita em 1904, essa ópera cujo libreto é em versos e catastroficamente ingênuo representa, mesmo musicalmente, dois anos depois de *Jenůfa*, uma nítida regressão); depois, cinco obras-primas que admiro sem reservas: *Kát'a Kabanová, A raposinha esperta, O caso Makropoulos*; e *Jenůfa*: Sir Charles Mackerras teve o inestimável mérito de tê-lo finalmente (em 1982, depois de 66 anos!) livrado do arranjo que lhe fora imposto em Praga em 1916. O feito me parece ainda mais brilhante na sua revisão da partitura de *Da casa dos mortos*. Graças a ele, nos damos conta (em 1980, depois de 52 anos!) de a que ponto os arranjos dos adaptadores tinham enfraquecido essa ópera. Na sua originalidade restituída, em que ele reencontra toda sua sonoridade econômica e insólita (no extremo oposto do sinfonismo romântico), *Da casa dos mortos* aparece, ao lado de *Wozzeck*, de Berg, como a ópera mais verdadeira, a maior do sombrio século xx.

6

Dificuldade prática insolúvel: nas óperas de Janáček, o charme do canto não reside somente na beleza melódica, mas também no sentido psicológico (sentido sempre inesperado) que a melodia confere, não de maneira global a uma cena, mas a cada frase, a cada palavra cantada. Mas como cantar em Berlim ou em Paris? Se é em tcheco (solução de Mackerras), o ouvinte não escuta senão umas sílabas vazias de sentido e não compreende as finuras psicológicas presentes em cada inflexão melódica. Então, será o caso de traduzir, como no começo da carreira internacional dessas óperas? Também é problemático: a língua francesa, por exemplo, não toleraria o acento tônico colocado na primeira sílaba das palavras tchecas, e a mesma entonação iria adquirir em francês um sentido psicológico totalmente diferente.

(Existe alguma coisa de pungente, senão de trágico, no fato de Janáček ter concentrado a maior parte de suas forças inovadoras precisamente na ópera, colocando-se assim à mercê do público burguês mais conservador que se possa imaginar. E mais: sua inovação reside numa revalorização jamais vista da *palavra* cantada, o que quer dizer *in concreto* da palavra tcheca, incompreensível em 99% dos teatros do mundo. Difícil imaginar um maior acúmulo voluntário de obstáculos. Suas óperas são a mais bela homenagem jamais prestada à língua tcheca. Homenagem? Sim. Em forma de sacrifício. Ele *imolou* sua música universal a uma língua quase desconhecida.)

7

Pergunta: se a música é uma língua supranacional, teria também a semântica das entonações da linguagem falada um caráter supranacional? Ou de modo algum? Ou pelo menos até certo ponto? Problemas que fascinavam Janáček. De tal maneira que ele doou em seu testamento quase todo o seu dinheiro à Universidade de Brno para subvencionar pesquisas sobre a linguagem falada (seus ritmos, suas entonações, sua semântica). Mas não se dá a menor importância a testamentos, como é sabido.

8

A admirável fidelidade de Sir Charles Mackerras à obra de Janáček significa: apreender e defender o essencial. Visar o essencial é, aliás, a moral artística de Janáček; a regra: apenas uma nota absolutamente necessária (semanticamente necessária) tem direito à existência; daí a economia máxima na orquestração. Ao retirar das partituras os acréscimos que lhes tinham sido impostos, Mackerras restituiu essa economia e, dessa maneira, tornou mais inteligível a estética de Janáček.

Mas existe também outra fidelidade no extremo oposto, que se manifesta na paixão de reunir tudo o que se pode descobrir num autor. Já que, em vida, cada autor procura tornar público tudo o que é essencial, os *catadores de lixo* são uns apaixonados pelo inessencial.

De modo exemplar, o espírito catador manifesta-se na gravação de peças para piano, violino e violoncelo (ADDA 581136/37). Nelas, os trechos menores ou nulos (transcrições folclóricas, variações abandonadas, obras menores da mocidade, esboços) ocupam aproximadamente cinquenta minutos, um terço da duração, e estão dispersos entre as composições de grande estilo. Escutamos, por exemplo, durante seis minutos e meio, uma música de acompanhamento para exercícios de ginástica. Ah, compositores, controlem-se quando belas senhoras de algum clube esportivo vierem solicitar um pequeno favor! Transformada em motivo de deboche, essa cortesia sobreviverá a vocês!

9

Continuo a examinar as prateleiras. Em vão, procuro algumas belas composições orquestrais de sua maturidade. (*Šumařovo dítě* [O filho do violinista], 1912, e *Balada Blanická* [A balada de Blanik], 1920), suas cantatas (sobretudo: *Amarus*, 1898), e algumas composições da época da formação de seu estilo, que se distinguem por uma simplicidade comovente e sem igual: *Otčenáš* [Pai-nosso] (1901), *Ave-Maria* (1904). O que falta sobretudo e gravemente são seus coros; pois, no século XX, nada nesse campo se iguala ao Janáček de seu grande período, suas quatro obras-primas: *Maryčka Magdónova* (1906), *Kantor Halfar* (1906), *Sedmdesát tisíc* [Setenta mil] (1909), *Potulný Šilenec* [O louco errante] (1922): diabolicamente difíceis quanto à técnica, eram excelentemente executados na Tchecoslováquia; essas gravações certamente não existem a não ser em discos antigos da firma tcheca Supraphon, mas há muitos anos não são encontradas.

10

O saldo no entanto não é de todo mau, mas também não é bom. Com Janáček, foi assim desde o começo. *Jenůfa* entra nos palcos do mundo 24 anos depois de sua criação. Muito tarde. Pois, após vinte anos, o caráter polêmico de uma estética se perde e, portanto, sua novidade não é mais perceptível. É por isso que a música de Janáček é tão frequentemente mal compreendida e mal executada; seu sentido histórico foi se apagando e ela é inclassificável; como um belo jardim situado ao lado da História; a questão de seu lugar na evolução (melhor, na gênese) da música moderna nem ao menos é colocada.

Se, no caso de Broch, de Musil, de Gombrowicz e, num certo sentido, de Bartók, o reconhecimento tardio advém de catástrofes históricas (nazismo, guerra), para Janáček foi sua pequena nação que se encarregou inteiramente de assumir o papel das catástrofes.

11

As pequenas nações. Esse conceito não é quantitativo; designa uma situação, um destino: as pequenas nações não conhecem a feliz sensação de estarem ali há muito tempo e para sempre — todas passaram, nesse ou naquele momento de sua história, pela antecâmara da morte; sempre confrontadas com a ignorância arrogante dos grandes, veem sua existência perpetuamente ameaçada ou posta em dúvida, pois sua existência é dúvida.

Em sua maioria, as pequenas nações europeias se emanciparam e chegaram à sua independência no decorrer dos séculos XIX e XX. Seu ritmo de evolução é portanto específico. Para a arte, essa assincronia histórica muitas vezes foi fértil, permitindo a estranha visão telescópica de épocas diferentes: assim, Janáček e Bartók participaram com ardor da luta nacional de seus povos; é seu aspecto século XIX: um sentido extraordinário do real, um apego às classes populares, à arte popular, uma relação mais espontânea com o público; essas qualidades, então desaparecidas na arte dos grandes países, se ligaram à estética do modernismo num casamento surpreendente, inimitável, feliz.

As pequenas nações formam uma "outra Europa" cuja evolução está em contraponto à das grandes. Um observador pode ficar fascinado pela intensidade muitas vezes surpreendente de sua vida cultural. Nesse ponto, manifesta-se a vantagem do pequeno tamanho: a riqueza em acontecimentos culturais está na "medida humana"; todo mundo é capaz de abranger essa riqueza, de participar da totalidade da vida cultural; é por esse motivo que, em seus melhores momentos, uma pequena nação pode evocar a vida de uma cidade grega antiga.

Essa participação possível de todos em tudo pode evocar uma outra coisa: a família — uma pequena nação parece-se com uma grande família e gosta de ser designada assim. Na língua do menor povo europeu, os islandeses, "família" se diz: *fjölskylda*; a etimologia é eloquente: *skylda* quer dizer "obrigação"; *fjöl* quer dizer "múltiplo". A família é, portanto, uma obrigação múltipla. Os islandeses têm uma única palavra para dizer "laços familiares": *fjölskyldubönd* — os laços (*bönd*) das obrigações múltiplas. Numa grande família de uma pequena nação, o artista está portanto atado de maneiras múltiplas, por laços múltiplos. Quando Nietzsche destrata ruidosamente o caráter alemão, quando Stendhal proclama que prefere a Itália à sua pátria, nenhum alemão e nenhum francês se sente ofendido por isso; se um grego ou um tcheco ousasse dizer a mesma coisa do seu próprio país, sua família o amaldiçoaria como um traidor detestável.

Escondidas por trás de suas línguas inacessíveis, as pequenas nações europeias (sua vida, sua história, sua cultura) são muito pouco conhecidas; pensa-se, de modo muito natural, que reside nisso a vantagem principal para o reconhecimento internacional de sua arte. Ora, é o contrário: essa arte está em desvantagem porque todo mundo (a crítica, a historiografia, os compatriotas e os estrangeiros) cola essa arte em cima da grande foto da família nacional e não deixa que saia de lá. Gombrowicz: sem nenhuma utilidade (muito menos sem nenhuma competência), seus comentaristas estrangeiros lutam para explicar sua obra discorrendo sobre a nobreza polonesa, sobre o barroco polonês etc. etc. Como diz Prodiguis,* eles o "polonizam", "repolonizam", empurram-no para trás, para dentro do *pequeno contexto* nacional. No entanto, não é o conhecimento da nobreza polonesa, mas o conhecimento do romance mundial moderno (isto é, o conhecimento do *grande contexto*) que nos fará compreender a novidade e, consequentemente, o valor do romance de Gombrowicz.

12

Ah, pequenas nações. Na calorosa intimidade, cada um inveja o outro, todo mundo toma conta de todo mundo. "Famílias, eu vos odeio!" E ainda estas outras palavras de Gide: "Nada é mais perigoso para ti do que *tua* família, do que *teu* quarto, do que *teu* passado. [...] Precisas deixá-los". Ibsen, Strindberg, Joyce e Séféris souberam disso. Passaram grande parte de sua vida no estrangeiro, longe do poder familiar. Para Janáček, cândido patriota, isso era inconcebível. Portanto, ele teve de pagar.

É certo que todos os artistas modernos conheceram a incompreensão e o ódio; mas estavam ao mesmo tempo cercados de discípulos, de teóricos e de executantes que os defendiam e, desde o início, impunham a concepção autêntica de sua arte. Em Brno, numa província em que ele passou toda a vida, Janáček tinha também seus fiéis, executantes muitas vezes admiráveis (o quarteto

---

* Lakis Prodiguis, *Um escritor apesar da crítica*. Paris: Gallimard, 1989. (N. A.)

Janáček foi um dos últimos herdeiros dessa tradição), cuja influência porém era muito fraca. Desde os primeiros anos do século, a musicologia oficial tcheca jogava sobre ele o seu desprezo. Os ideólogos nacionais, não conhecendo em música outros deuses além de Smetana, outras leis além das smetanescas, ficaram irritados com seu caráter diferente. O papa da musicologia de Praga, o professor Nejedly, que se tornou no fim de sua vida, em 1948, ministro e mestre onipotente da cultura na Tchecoslováquia stalinizada, não guardou, em sua senilidade belicosa, senão duas grandes paixões: veneração de Smetana, execração de Janáček. O apoio mais eficaz que lhe foi dado durante sua vida foi o de Max Brod; tendo traduzido, entre 1918 e 1928, todas as suas óperas para o alemão, ele lhe abriu as fronteiras e libertou-as do poder exclusivo da família ciumenta. Em 1924, escreveu sua monografia, a primeira que lhe foi consagrada; mas ele não era tcheco, e a primeira monografia de Janáček é portanto alemã. A segunda é francesa, editada em Paris, em 1930. Em tcheco, sua primeira monografia completa só apareceu 39 anos depois da de Brod.* Franz Kafka comparou a luta de Brod por Janáček com a luta ocorrida anteriormente por Dreyfus. Comparação espantosa que revela o grau de hostilidade que se abateu sobre Janáček em seu país. De 1903 a 1916, o teatro nacional de

---

* Jaroslav Vogel: *Janáček* (Praga, 1963; traduzido para inglês em W.W. Norton e Cia., 1981), uma monografia detalhada, honesta, mas, em seus julgamentos, limitada por seu horizonte nacional e nacionalista. Bartók e Berg, os dois compositores mais próximos de Janáček no cenário internacional: o primeiro não é absolutamente mencionado; o outro, muito pouco. E como situar Janáček no mapa da música moderna sem essas duas referências? (N. A.)

Praga rejeitou obstinadamente sua primeira ópera, *Jenů-fa*. Em Dublin, na mesma época, de 1905 a 1914, os compatriotas de Joyce rejeitam o seu primeiro livro em prosa, *Dublinenses*, e chegam até a queimar suas provas em 1912. A história de Janáček distingue-se da de Joyce pela perversidade de seu desfecho: ele foi obrigado a assistir à estreia de *Jenůfa* dirigida pelo regente que durante catorze anos o havia repelido, que durante catorze anos só tivera desprezo por sua música. Foi obrigado a ficar grato. A partir dessa humilhante vitória (a partitura ficou vermelha de correções, de rasuras, de acréscimos), finalmente acabou sendo tolerado na Boêmia. Digo: tolerar. Se uma família não consegue anular seu filho mal-amado, ela o diminui com uma indulgência maternal. A versão corrente na Boêmia, e que se pretende favorável a seu respeito, retira-o do contexto da música moderna e enquadra-o na problemática local: paixão pelo folclore, patriotismo morávio, admiração pela Mulher, pela Natureza, pela Rússia, pela Eslavitude e outras bobagens. Família, eu vos odeio. Nenhum estudo musicológico importante analisando a *novidade estética* de sua obra foi escrito até hoje por nenhum de seus compatriotas. Nenhuma escola influente de interpretação de Janáček que pudesse tornar sua estranha estética inteligível para o mundo. Nenhuma estratégia para fazer sua música conhecida. Nenhuma edição completa em disco de sua obra. Nenhuma edição completa de seus escritos teóricos e críticos.

E, no entanto, essa pequena nação jamais teve artista maior do que ele.

13

Continuando. Penso na última década de sua vida: seu país independente, sua música finalmente aplaudida, ele próprio amado por uma mulher jovem; suas obras se tornam cada vez mais audaciosas, livres, alegres. Velhice picassiana. No verão de 1928, sua amada, acompanhada de seus dois filhos, vem vê-lo em sua pequena casa de campo. Os filhos perdem-se na floresta, ele vai à procura deles, corre em todas as direções, resfria-se, pega uma pneumonia, é levado para o hospital e, alguns dias depois, morre. Ela está lá com ele. Desde meus catorze anos, escuto o comentário de que ele morreu fazendo amor em sua cama de hospital. Pouco verossímil mas, como Hemingway gostava de dizer, mais verdadeiro que a verdade. Que outro coroamento para essa euforia desenfreada que foi sua idade avançada?

Eis aí a prova de que em sua família nacional assim mesmo havia quem o amasse. Pois essa lenda é um buquê de flores colocado em seu túmulo.

OITAVA PARTE
Os caminhos no nevoeiro

QUE É A IRONIA?

Na quarta parte de *O livro do riso e do esquecimento*, Tamina, a heroína, precisa da ajuda de sua amiga Bibi, jovem grafóloga; para conquistar sua simpatia, arranja para ela um encontro com um escritor de província chamado Banaka. Este explica à grafóloga que os verdadeiros escritores de hoje desistiram da arte antiquada do romance: "Sabe, o romance é fruto de uma ilusão humana. A ilusão de poder compreender o outro. Mas o que sabemos uns dos outros? [...] Tudo o que podemos fazer é apresentar um relato sobre nós mesmos. [...] Todo o resto é mentira". E o amigo de Banaka, professor de filosofia: "Desde James Joyce, sabemos que a maior aventura de nossa vida é a ausência de aventuras. [...] A odisseia de Homero transportou-se para dentro. Ela se interiorizou". Algum tempo depois da publicação do livro, encontrei essas palavras como epígrafe de um romance francês. Isso me envaideceu muito, mas também me perturbou, pois, para mim, o que Banaka e seu amigo diziam não eram senão cretinices sofisticadas. Na época, anos 1970, escutava-as em toda parte à minha volta: conversa universitária costurada com vestígios de estruturalismo e de psicanálise.

Depois da publicação, na Tchecoslováquia, dessa mesma quarta parte de *O livro do riso e do esquecimento* num folheto editado à parte (a primeira publicação de um texto meu depois de vinte anos de proibição), enviaram-me para Paris um recorte de imprensa: o crítico estava satisfeito comigo e, como prova de minha inteligência, citava estas palavras que julgava brilhantes: "Desde James Joyce, sabemos que a maior aventura de nossa vida é a ausência de aventuras" etc. etc. Senti um estranho prazer malicioso em me ver de volta ao meu país em meio a um mal-entendido burro.

O mal-entendido é compreensível: não tentei *ridicularizar* meu Banaka e seu amigo professor. Não fiz alarde de minhas restrições a eles. Ao contrário, fiz tudo para dissimulá-las, querendo dar às suas opiniões a elegância do discurso intelectual que todo o mundo, na época, respeitava e imitava com fervor. Se tornasse ridículas as palavras deles, exagerando seus excessos, teria feito aquilo a que chamamos sátira. A sátira é a arte com tese: segura de sua própria verdade, ridiculariza aquilo que se decide a combater. A relação do romancista com seus personagens nunca é satírica: é irônica. Mas de que modo a ironia, discreta por definição, se deixa revelar? Pelo contexto: as afirmações de Banaka e de seu amigo estão situadas num espaço de gestos, ações e palavras que os relativiza. O pequeno mundo provinciano de Tamina caracteriza-se por um egocentrismo inocente: todos têm por ela uma sincera simpatia e, no entanto, ninguém tenta compreendê-la, não sabendo nem mesmo o que significa compreender. Se Banaka diz que a arte do romance está em desuso pois a compreensão do outro é apenas uma ilusão, ele não expressa apenas uma atitude estética do momento — mas também, sem o saber, sua própria limitação e a de todo o seu meio: uma falta de vontade de compreender o outro; uma cegueira egocêntrica em relação ao mundo real.

A ironia quer dizer: nenhuma das afirmações que encontramos num romance pode ser vista isoladamente, cada uma delas encontra-se em confronto complexo e contraditório com outras afirmações, outras situações, outros gestos, outras ideias, outros acontecimentos. Apenas uma leitura lenta, duas vezes, muitas vezes repetida, fará aparecer todas as *correlações irônicas* dentro do romance, sem as quais o romance não será compreendido.

O CURIOSO COMPORTAMENTO DE K. QUANDO FOI PRESO

K. acorda de manhã e, ainda na cama, toca a campainha para que lhe tragam o café. Em vez da empregada, entram uns desconhecidos, homens normais, normalmente vestidos, mas que imediatamente se comportam com uma tal arrogância que K. não pode deixar de perceber sua força, seu poder. Apesar de chocado, ele não é capaz, entretanto, de expulsá-los e pergunta até polidamente [a um deles]: "Quem é o senhor?".*

* Tradução de Modesto Carone. São Paulo: Companhia das Letras, 2005. (N. E.)

Desde o começo, o comportamento de K. oscila entre a fraqueza prestes a inclinar-se diante da inacreditável afronta dos intrusos (vieram notificá-lo de que estava preso) e o medo de parecer ridículo. Diz, por exemplo, firmemente: "Não quero nem permanecer aqui nem ser interpelado pelo senhor enquanto não se apresentar". Bastaria tirar essas palavras de suas correlações irônicas, tomá-las ao pé da letra (como meu leitor tomou as palavras de Banaka) e K. seria para nós (como aconteceu com Orson Welles, que transcreveu *O processo* para filme) um-homem-que-se-revolta-contra-a-violência. No entanto, basta ler atentamente o texto para ver que esse homem pretensamente revoltado continua a obedecer aos intrusos, que não apenas não se dignam a se apresentar, mas tomam o seu café da manhã e fazem-no ficar de pé, de camisola de dormir, durante todo esse tempo.

No final dessa cena de estranha humilhação (ele lhes estende a mão e eles se recusam a apertá-la), um dos homens diz a K.: "Decerto agora o senhor quer ir ao banco, não é?" "Ao banco?", perguntou K. "Pensei que estivesse detido."

Eis o homem-que-se-revolta-contra-a-violência! Ele é sarcástico! Ele provoca! Como fica claro no comentário de Kafka:

> K. fez a pergunta com certa insolência, pois, embora o seu aperto de mão não tivesse sido aceito, ele se sentia cada vez mais independente daquelas pessoas, sobretudo a partir do instante em que o inspetor se levantou. Estava jogando com ela. Tinha a intenção, caso devessem ir embora, de correr atrás deles até a entrada do prédio para propor que o prendessem.

Eis uma ironia muito sutil: K. capitula mas quer se considerar uma pessoa forte, que "joga com eles", que caçoa deles, fingindo, com desdém, levar a sério sua prisão; ele capitula, mas logo interpreta sua capitulação de modo que possa conservar, aos seus próprios olhos, sua dignidade.

Em primeiro lugar, tínhamos lido Kafka, o rosto marcado com uma expressão trágica. Em seguida, soubemos que Kafka, quando leu o primeiro capítulo de *O processo* para seus amigos, fez todos rirem. Então começamos também a forçar o riso, mas sem saber exatamente por quê. Na realidade, o que há de tão engraçado nesse capítulo? O comportamento de K. Mas o que tem esse comportamento de tão cômico?

Essa pergunta me lembra os anos que passei na faculdade de cinema em Praga. Um amigo e eu, durante as reuniões do corpo docente, olhávamos sempre com uma simpatia maliciosa para um de nossos colegas, escritor de uns cinquenta anos, homem sutil e correto, mas que suspeitávamos ser de uma enorme e indomável covardia. Sonhamos com essa situação que (infelizmente!) nunca conseguimos concretizar:

Um de nós, de repente, no meio da reunião se dirigiria a ele: "De joelhos!".

No princípio, ele não compreenderia o que estávamos pretendendo; ou mais precisamente, em sua lúcida pusilanimidade, compreenderia logo, mas acharia possível ganhar tempo fingindo não compreender.

Seríamos obrigados a levantar a voz: "De joelhos!".

Nesse momento, não poderia mais fingir que não estava compreendendo. Estaria já pronto a obedecer, não tendo senão um problema a resolver: como fazê-lo? Como se colocar de joelhos ali, aos olhos de todos os

seus colegas, sem se rebaixar? Procuraria desesperadamente uma fórmula engraçada para acompanhar o gesto
de se ajoelhar: "Será que vocês me permitiriam, caros
colegas", diria finalmente, "colocar uma almofada sob
meus joelhos?". "De joelhos e cale a boca!"

Ele obedeceria juntando as mãos e inclinando ligeiramente a cabeça para a esquerda: "Meus caros colegas,
se estudaram bem a pintura da Renascença, viram que
foi exatamente nessa posição que Rafael pintou são
Francisco de Assis".

Cada dia imaginávamos novas variações para essa
cena deleitável, inventando mais e mais formas espirituais
com as quais nosso colega tentaria salvar sua dignidade.

O SEGUNDO PROCESSO CONTRA JOSEPH K.

Ao contrário de Orson Welles, os primeiros intérpretes de Kafka estavam longe de considerar K. um
inocente que se revolta contra o arbitrário. Para Max
Brod, quanto a isso não há dúvida, Joseph K. é culpado.
Que fez ele? Segundo Brod (*Verzweiflung und Erlösung
im Werke Franz Kafkas*, 1959), ele é culpado por sua
Lieblosigkeit, por sua incapacidade de amar. "*Joseph
K. liebt niemand, er liebelt nur, deshalb muss er ster-
ben*" ["Joseph K. não ama ninguém, ele flerta apenas,
portanto deve morrer"]. (Guardemos para sempre na
memória a burrice sublime dessa frase!) Brod acrescenta
logo duas provas da *Lieblosigkeit*: segundo um capítulo
inacabado e retirado do romance (que habitualmente é
publicado em apêndice), Joseph K. havia três anos não
via sua mãe; enviava-lhe somente dinheiro, informava-se
sobre sua saúde por intermédio de um primo. (Curiosa

semelhança: Meursault, de *O estrangeiro*, também é acusado de não amar sua mãe.) A segunda prova é sua relação com a senhorita Bürstner, segundo Brod, relação "da mais baixa sexualidade" (*die niedrigste Sexualität*). "Obnubilado pela sexualidade, Joseph K. não vê na mulher o ser humano."

Edouard Goldstücker, kafkólogo tcheco, em seu prefácio para a edição de Praga de *O processo*, em 1964, condenou K. com uma severidade semelhante, apesar de seu vocabulário não ser marcado, como o de Brod, pela teologia mas sim pela sociologia de tendência marxista: "Joseph K. é culpado porque permitiu que sua vida fosse mecanizada, automatizada, alienada, que fosse adaptada ao ritmo estereotipado da máquina social, que se deixasse privar de tudo que era humano; assim, K. transgrediu a lei à qual, segundo Kafka, toda a humanidade está submetida e que diz: 'Seja humano'". Depois de ter sido submetido a um terrível processo stalinista em que o acusaram de crimes imaginários, Goldstücker, nos anos 1950, passou quatro anos na prisão. Eu me pergunto: vítima ele mesmo de um processo, como pôde, dez anos mais tarde, mover outro processo contra outro acusado tão pouco culpado quanto ele mesmo?

Segundo Alexandre Vialatte (*L'Histoire secrète du Procès*, 1947), o processo no romance de Kafka é aquele que Kafka moveu contra si mesmo, K. não sendo senão seu alter ego: Kafka havia desmanchado seu noivado com Felice, e o futuro sogro

> tinha vindo de Malmoe especialmente para punir o culpado. O quarto de hotel de Ascania, em que essa cena se passava (em julho de 1914), era para Kafka igual à sala de um tribunal. [...] No dia seguinte, ele se dedicava a escrever *Na*

colônia penal e *O processo*. Ignoramos qual seja o crime de K., e a moral vigente o absolve. No entanto, sua "inocência" é diabólica. [...] K. transgrediu de modo misterioso as leis de uma misteriosa justiça, que não tem nenhuma medida comum com a nossa [...]. O juiz é o doutor Kafka, o acusado é o doutor Kafka. Ele se declara culpado de uma inocência diabólica.

Durante o primeiro processo (aquele que Kafka conta em seu romance), o tribunal acusa K. *sem indicar o crime*. Os kafkólogos não se espantam que se possa acusar alguém sem dizer por que e nem se empenham em meditar sobre a sabedoria ou apreciar a beleza dessa incrível invenção. Em vez disso, preferem desempenhar o papel de promotores num novo processo que eles próprios movem contra K., tentando dessa vez identificar a verdadeira culpa do acusado. Brod: ele não é capaz de amar! Goldstücker: ele consentiu que sua vida fosse mecanizada! Vialatte: ele rompeu seu noivado! É preciso conceder-lhes esse mérito: seu processo contra K. é tão kafkiano quanto o primeiro. Pois se em seu primeiro processo K. não é acusado de *nada*, no segundo ele é acusado de *qualquer coisa*, o que dá na mesma, porque nos dois casos uma coisa está clara: K. é culpado, não porque tenha cometido um erro, mas porque foi acusado. É acusado, portanto é preciso que morra.

CULPABILIZAÇÃO

Não há senão um método para compreender os romances de Kafka. Lê-los como se leem romances. Em vez de procurar no personagem de K. o retrato do autor e nas palavras de K. uma misteriosa mensagem cifrada, seguir atentamente o comportamento dos personagens, suas conversas, seu pensamento e tentar imaginá-los diante dos olhos. Se lemos assim *O processo*, ficamos desde o início intrigados com a estranha reação de K. à acusação: sem ter feito nada de mal (ou sem saber o que fez de mal), K. começa logo a se comportar como se fosse culpado. Ele se sente culpado. Tornaram-no culpado. *Culpabilizaram-no.*

Antigamente, via-se apenas uma relação muito simples entre "ser culpado" e "sentir-se culpado": sente-se culpado quem é culpado. A palavra "culpabilizar", na verdade, é relativamente recente; foi utilizada em francês pela primeira vez em 1966, graças à psicanálise e a suas inovações terminológicas; o substantivo derivado desse verbo ("culpabilização") foi criado dois anos mais tarde, em 1968. Ora, muito tempo antes, a situação até então inexplorada da culpabilização foi exposta, descrita, desenvolvida no romance de Kafka a respeito do personagem de K. e dos diferentes estágios de evolução da culpabilização:

Estágio 1: Luta vã pela dignidade perdida. Um homem absurdamente acusado e que ainda não tem dúvidas sobre sua inocência fica constrangido ao ver que se comporta como se fosse culpado. Comportar-se como culpado não o sendo tem algo de humilhante, o que ele se esforça por dissimular. Essa situação, apresentada na primeira cena do romance, é condensada, no capítulo seguinte, nesta brincadeira de enorme ironia:

Uma voz desconhecida telefona para K.: ele deverá ser interrogado no domingo seguinte numa casa de um bairro afastado. Sem hesitar, decide ir; por obediência? por medo? ah não, a automistificação funciona automaticamente; ele quer ir para acabar logo com os importunos que o fazem perder tempo com seu processo estúpido ("o processo estava em marcha e ele precisava detê-lo, o primeiro inquérito deveria também ser o último"). Uma hora depois, seu diretor convida-o para ir a seu veleiro no mesmo domingo. O convite é importante para a carreira de K. Será que então vai desistir de atender à convocação grotesca? Não; ele recusa o convite do diretor, pois, sem querer admitir, já está subjugado pelo processo.

Portanto, no domingo ele vai. Percebe que a voz que lhe deu o endereço pelo telefone esqueceu de indicar a hora. Pouco importa; sente-se pressionado e *corre* (sim, literalmente em alemão, ele corre: *er lief*) por toda a cidade. Corre para chegar a tempo, se bem que nenhum horário lhe tenha sido indicado. Vamos admitir que tenha razões para chegar o mais cedo possível, mas nesse caso, em vez de correr, por que não toma um bonde, que passa aliás na mesma rua? Eis a razão: recusa-se a tomar o bonde pois "não tinha nenhuma vontade de rebaixar-se diante da comissão mostrando uma pontualidade excessiva". Corre para o tribunal, mas corre como um homem orgulhoso que não se rebaixa nunca.

Estágio 2: Prova de força. Finalmente, chega a uma sala onde é esperado. "O senhor é pintor de paredes?", diz o juiz, e K., diante do público que enche a sala, reage com brio ao desprezo ridículo: "Não — disse K. — Sou primeiro procurador de um grande banco", e depois, num longo discurso, fustiga a incompetência do tribunal. Encorajado pelos aplausos, sente-se forte e, seguindo o clichê bem conhecido do acusado que se transforma em acusador (Welles, admiravelmente surdo à ironia kafkiana, deixou-se levar por esse clichê), ele desafia seus juízes. O primeiro choque acontece quando enxerga as insígnias na gola de todos os participantes e compreende que o público que ele pensava seduzir é formado apenas por "funcionários [...] [que] se reuniram aqui como ouvintes e espias". Ele vai embora e, perto da porta, o juiz o espera para adverti-lo: "Só queria chamar a sua atenção [...] para o fato de que o senhor hoje [...] se privou da vantagem que um inquérito, de qualquer modo, representa para o detido". K. exclama: "Seus vagabundos, podem ficar com todos os seus inquéritos".

Não poderemos compreender nada dessa cena sem vê-la em suas correlações irônicas com aquilo que se sucede imediatamente à exclamação revoltada de K., com a qual o capítulo termina. Eis as primeiras frases do capítulo seguinte:

> Durante a semana seguinte K. esperou, dia após dia, uma nova comunicação; não podia acreditar que tivessem levado ao pé da letra sua renúncia aos inquéritos, e quando a esperada comunicação de fato não chegou até o sábado à noite, ele supôs estar sendo tacitamente convocado de novo à mesma casa e à mesma hora. Por isso dirigiu-se outra vez para lá no domingo...

Estágio 3: Socialização do processo. O tio de K. chega do campo, alarmado pelo processo que está sendo movido contra seu sobrinho. Fato notável: o processo é o que há de mais secreto — clandestino, pode-se dizer — e, no entanto, todo mundo está a par dele. Outro fato notável: ninguém duvida que K. seja culpado. A sociedade já adotou a acusação acrescentando-lhe o peso de sua aprovação (ou de sua não discordância) tácita. Era de se esperar um espanto indignado: "Como puderam acusá-lo? De que crime, afinal?". Ora, o tio não se espanta. Apenas fica assustado com a ideia das consequências que o processo terá para todos os parentes.

Estágio 4: Autocrítica. Para se defender contra o processo em que se recusa a enunciar a acusação, K. acaba por procurar ele mesmo o erro. Onde esse erro está escondido? Com certeza em algum lugar de seu curriculum vitae. "[...] precisava recobrar na memória toda a sua vida nos mínimos atos e acontecimentos, expondo-a e examinando-a por todos os lados."

A situação está longe de ser irreal: é assim na verdade que uma mulher simples, perseguida pela desgraça, se perguntará: que fiz de mal? E começará a vasculhar o passado, examinando não apenas seus atos mas também suas palavras e seus pensamentos secretos para compreender a cólera de Deus.

A prática política do comunismo criou para essa atitude a palavra *autocrítica* (palavra utilizada em francês, em seu sentido político, por volta de 1930; Kafka não a utilizava). O uso que se faz dessa palavra não corresponde exatamente à sua etimologia. Não se trata de *criticar-se* (separar os lados bons dos maus com a intenção de corrigir os defeitos), trata-se de *encontrar o próprio erro* para poder ajudar o acusador, para poder aceitar e aprovar a acusação.

Estágio 5: Identificação da vítima com o carrasco. No último capítulo, a ironia de Kafka atinge seu terrível apogeu: dois senhores de sobretudo vêm buscar K. e o levam pela rua. No princípio ele se revoltou mas logo pensou: "A única coisa que posso fazer agora é conservar até o fim um discernimento tranquilo [...]. Devo então demonstrar que nem sequer o processo de um ano me serviu de lição? Devo acabar como um homem obtuso? [...]". Depois, vê de longe os guardas fazendo ronda. Um deles aproxima-se do grupo, que lhe parece suspeito. Nesse momento, K., por sua própria iniciativa, puxa com força os dois homens, começando até a correr a fim de escapar dos guardas que, no entanto, poderiam atrapalhar e talvez, quem sabe?, impedir a execução que o esperava.

Finalmente, chegam ao destino; os homens preparam-se para degolá-lo, e, nesse momento, uma ideia (sua última autocrítica) passa pela cabeça de K.: "[...] teria sido seu dever agarrar a faca que pendia sobre ele de mão para mão e enterrá-la em seu corpo". E lamenta sua fraqueza: "Não podia satisfazer plenamente a exigência de subtrair todo o trabalho às autoridades; a responsabilidade por esta última falha era de quem lhe havia recusado o resto de energia necessária para tanto".

DURANTE QUANTO TEMPO PODE O HOMEM SER CONSIDERADO IDÊNTICO A SI MESMO?

A identidade dos personagens de Dostoiévski reside em sua ideologia pessoal que, de uma maneira mais ou menos direta, determina seu comportamento. Kirilov é absorvido por sua filosofia do suicídio, que considera manifestação suprema da liberdade. Kirilov: um pensamento tornado homem. Mas o homem, na vida real, é uma projeção tão direta de sua ideologia pessoal? Em *Guerra e paz*, os personagens de Tolstói (notadamente Pierre Bezúkhov e Andrei Bolkónski) têm também uma intelectualidade muito rica, muito desenvolvida, mas ela é mutante, proteiforme, de modo que é impossível defini-los a partir de suas ideias, que, durante cada fase de suas vidas, são diferentes. Tolstói nos oferece assim outra concepção do que é o homem: um itinerário; um caminho sinuoso; uma viagem cujas fases sucessivas não apenas são diferentes, mas muitas vezes representam a negação total das fases precedentes.

Eu disse "caminho", e essa palavra corre o risco de nos confundir, pois a imagem do caminho evoca um fim. Ora, em que direção nos levam esses caminhos que só terminam fortuitamente, interrompidos pelo acaso de uma morte? É verdade que Pierre Bezúkhov, no fim, chega à atitude que parece ser o estágio ideal e final: acredita então compreender que é inútil procurar sempre um sentido para sua vida, lutar por essa ou aquela causa; Deus está em todo lugar, em toda vida, na vida de todos os dias, basta portanto viver tudo que é para ser vivido e vivê-lo com amor: e ele se apega, feliz, à sua mulher e à sua família. O fim foi atingido? Será que foi atingido o cume que faz com que a posteriori todas as etapas precedentes da viagem se tornem simples degraus de escada? Se fosse esse o caso, o romance de Tolstói perderia sua ironia essencial e se aproximaria de uma lição de moral romanceada. Não é o caso. No "Epílogo", que resume o que aconteceu oito anos depois, vemos Bezúkhov deixar por um mês e meio sua casa e sua mulher para dedicar-se em Petersburgo a uma atividade política semiclandestina. Mais uma vez, portanto, ele está prestes a procurar um sentido para sua vida, a lutar por uma causa. Os caminhos não acabam e não conhecem um fim.

Poderíamos dizer que as diferentes fases de um itinerário se encontram umas perante as outras, numa relação irônica. No reino da ironia reina a igualdade; isso significa que nenhuma fase do itinerário é moralmente superior a outra. Bolkónski, dispondo-se ao trabalho para ser útil à sua pátria, iria querer *resgatar* desse modo *o erro* de sua misantropia anterior? Não. Nada de autocrítica. Em cada fase do caminho, ele concentrou todas as suas forças intelectuais e morais para escolher sua atitude e sabe disso; como, portanto, poderia ele censurar-se por não ter sido aquilo que não poderia ser? Do mesmo modo que não podemos julgar as diferentes fases de sua vida do ponto de vista moral, assim também não podemos julgá-las do ponto de vista da autenticidade. Impossível decidir qual dos Bolkónski era o mais fiel a si mesmo: aquele que se afastou da vida pública ou aquele que se entregou a ela.

Se as diferentes etapas são tão contraditórias, como determinar seu denominador comum? Qual é a essência comum que nos permite ver o Bezúkhov ateu e o Bezúkhov crente como um só e mesmo personagem? Onde se encontra a essência estável de um "eu"? E qual é a responsabilidade moral de Bolkónski número 2 em relação a Bolkónski número 1? Deveria o Bezúkhov inimigo de Napoleão responder pelo Bezúkhov que outrora o admirava? Qual é o lapso de tempo em que podemos considerar um homem idêntico a si mesmo?

Apenas o romance pode, *in concreto*, perscrutar esse mistério, um dos maiores que o homem conhece; e provavelmente foi Tolstói o primeiro a fazê-lo.

CONSPIRAÇÃO DE DETALHES

As metamorfoses dos personagens de Tolstói aparecem não como uma longa evolução, mas como uma súbita iluminação. Bezúkhov transforma-se de ateu em crente com espantosa facilidade. Basta que fique abalado pela ruptura com sua mulher e que encontre numa estalagem um viajante franco-maçom. Essa facilidade não se deve a uma versatilidade superficial. Ela deixa sobretudo perceber que a mudança visível foi preparada por um processo secreto, inconsciente, que de repente explode em pleno dia.

Andrei Bolkónski, gravemente ferido no campo de batalha de Austerlitz, acorda de volta à vida. Nesse momento, todo o seu universo de rapaz brilhante balança: não graças a uma reflexão racional, lógica, mas graças a uma simples confrontação com a morte e a um longo olhar em direção ao céu. São esses detalhes (um olhar em direção ao céu) que desempenham um grande papel nos momentos decisivos vividos pelos personagens de Tolstói.

Mais tarde, emergindo de seu profundo ceticismo, Andrei volta à vida ativa. Essa mudança foi precedida por uma longa discussão com Pierre num barco atravessando um rio. Pierre então estava (era esse o estágio momentâneo de sua evolução) positivo, otimista, altruísta, e opunha-se ao ceticismo misantrópico de Andrei. Mas, durante a discussão deles, mostrou-se antes de mais nada ingênuo, apelou para clichês, e foi Andrei quem brilhou intelectualmente. Mais importante do que as palavras de Pierre foi o silêncio que se seguiu à discussão: "[...] ao sair da balsa, olhou para o céu, para o qual Pierre havia apontado, e pela primeira vez desde Austerlitz ele viu aquele céu alto, eterno, que tinha visto, deitado no campo de Austerlitz, e algo havia muito tempo adormecido, algo daquilo que de melhor existia nele,

despertou de repente, alegre e jovem, no seu espírito".*
Essa sensação foi breve e desapareceu logo, mas Andrei
sabia "que aquele sentimento *que ele não soubera fomentar vivia dentro dele*". E um dia, muito mais tarde,
como num balé de centelhas, uma *conspiração de detalhes* (um olhar em direção a um carvalho frondoso, conversas de moças ouvidas por acaso, recordações inesperadas) acendeu esse sentimento (que "vivia dentro dele")
e o fez incendiar-se. Andrei, que ainda ontem estava feliz
em seu retiro afastado do mundo, decide subitamente

> ir a Petesburgo no outono e inventou diversos motivos para
> tal decisão. [...] com as mãos cruzadas nas costas, ora franzia as sobrancelhas, ora sorria, enquanto repassava na
> mente *aqueles pensamentos irracionais, inexprimíveis em
> palavras, secretos como um crime, relacionados com Pierre,
> com a glória, com a moça na janela, com o carvalho, com a
> beleza feminina e com o amor*, e que haviam modificado a
> sua vida por completo. E em tais momentos, quando alguém
> entrava no escritório, ele se mostrava especialmente seco,
> severo, resoluto e sobretudo antipaticamente lógico. [...]
> dizia, com uma lógica exacerbada, como se estivesse punindo alguém por todo aquele *trabalho interior, secreto e ilógico, que se passava nele*. [Grifei as fórmulas mais significativas, M. K.]

(Lembremos: é uma conspiração de detalhes desse
tipo — feiura de rostos encontrados ocasionalmente,
conversas ouvidas por acaso no compartimento de
um trem, recordação inesperada — que, no próximo

---

* Tradução de Rubens Figueiredo. São Paulo: Cosac Naify, 2011. (N. E.)

romance de Tolstói, desencadeia a decisão de Anna Kariênina de suicidar-se.)

Mais uma outra grande mudança do mundo interior de Andrei Bolkónski: mortalmente ferido na batalha de Borodinó, deitado na mesa de operação de um acampamento militar, ele é subitamente invadido por um estranho sentimento de paz e de reconciliação, um sentimento de felicidade que nunca mais o deixará; esse estado de felicidade é ainda mais estranho (e igualmente mais belo) porque a cena é de uma crueldade extraordinária, cheia de detalhes horrivelmente precisos sobre a cirurgia, numa época que não conhecia a anestesia; e o que é mais estranho nesse estranho estado: foi provocado por uma lembrança inesperada e ilógica — quando o enfermeiro tirou suas roupas, "Andrei se lembrou dos dias distantes de sua infância". E algumas frases adiante:

> Depois dos sofrimentos que suportara, o príncipe Andrei sentia um bem-estar que havia muito não experimentava. Todos os melhores e mais felizes momentos da sua vida, em especial da infância mais remota, quando trocavam sua roupa e o acomodavam na cama pequena, quando a babá cantava para ele dormir, quando enterrava a cabeça no travesseiro e se sentia feliz só com a consciência de estar vivo, surgiam na sua imaginação não como algo do passado, mas como a realidade.

Só mais tarde Andrei vê, numa mesa vizinha, seu rival, o sedutor de Natacha, Anatole, de quem um médico está cortando uma perna.

A leitura corrente dessa cena: "Andrei, ferido, vê o rival com uma perna amputada; esse espetáculo o inunda de uma imensa piedade por ele e pelo homem em geral". Mas Tolstói sabia que essas revelações súbitas não se devem a causas tão evidentes e tão lógicas. Foi uma curiosa imagem fugitiva (a lembrança de sua infância quando era despido do mesmo modo que era despido pelo enfermeiro) que provocou tudo, sua nova metamorfose, sua nova visão das coisas. Alguns segundos depois esse detalhe milagroso foi certamente esquecido pelo próprio Andrei, assim como provavelmente é imediatamente esquecido pela maioria dos leitores que leem os romances tão desatentamente e tão mal quanto "leem" sua própria vida.

E ainda uma grande mudança, dessa vez de Pierre Bezúkhov, que toma a decisão de matar Napoleão, decisão precedida por este episódio: fica sabendo por seus amigos franco-maçons que, no capítulo 13 do Apocalipse, Napoleão é identificado como Anticristo: "Quem tiver inteligência que conte o número da Besta; pois é um número de homens e este número é 666...". Se traduzirmos em números o alfabeto francês, as palavras "o imperador Napoleão" dão o número 666.

> Essa profecia impressionou muito Pierre e ele muitas vezes se perguntava o que poria um termo no poder da besta, ou seja, de Napoleão, e com base nessa mesma representação de palavras por meio de números e de cálculos, tentava encontrar uma resposta para a questão que o preocupava. Em resposta a tal questão, Pierre escreveu: *L'empereur Alexandre? La nation russe?* Contou as letras, mas a soma dos números dava muito mais ou muito menos do que 666. Certa vez, envolvido com tais cálculos, escreveu o próprio nome — *comte Pierre Besouhoff;* a soma dos números também deu um resultado muito diferente. Ele mudou a grafia, pôs *z* em lugar de *s*, acrescentou *de*, acrescentou o artigo *le*, e

mesmo assim não chegou ao resultado desejado. Então lhe veio à cabeça que, se a resposta para a questão estivesse contida no seu nome, seria necessário mencionar a sua nacionalidade. Escreveu *le Russe Besuhof* e, contando os números, obteve 671. Só 5 a mais; 5 significava "e", o mesmo "e" que fora omitido no artigo antes das palavras *l'empereur*. Ao retirar exatamente essa letra "e", apesar de ficar incorreto, Pierre obtinha a resposta desejada: *l'Russe Besuhof*, exatamente 666. Essa descoberta o perturbou.

A maneira meticulosa com que Tolstói descreve todas as mudanças ortográficas que Pedro faz com seu nome para chegar ao número 666 é irresistivelmente cômica: *l'Russe* é uma maravilhosa brincadeira ortográfica. Poderiam as decisões graves e corajosas de um homem indubitavelmente inteligente e simpático originar-se de uma bobagem?

O que vocês pensaram do homem? O que pensaram de si mesmos?

MUDANÇA DE OPINIÃO COMO ADAPTAÇÃO AO ESPÍRITO DO TEMPO

Um dia, uma mulher me anuncia, o rosto iluminado: "Então, não existe mais Leningrado! Voltamos à velha São Petersburgo!". Isso nunca me entusiasmou, as cidades e as ruas rebatizadas. Quase lhe digo isso, mas no último minuto me controlo: em seu olhar deslumbrado pela fascinante marcha da História, percebo de antemão um desacordo e não tenho vontade de discutir, ainda mais que na mesma hora me lembro de um episódio que ela certamente havia esquecido. Essa mesma mulher tinha nos visitado uma vez, a mim e a minha mulher, em Praga, depois da invasão russa, em 1970 ou 1971, quando nos encontrávamos na situação penosa de proscritos. Era da parte dela uma prova de solidariedade que queríamos retribuir tentando distraí-la. Minha mulher contou-lhe a história engraçada (na época curiosamente profética) de um ricaço americano instalado num hotel de Moscou. Perguntaram-lhe: "O senhor já foi ver Lênin no mausoléu?". E ele respondeu: "Fiz com que o trouxessem ao hotel por dez dólares". O rosto de nossa convidada crispou-se. Sendo de esquerda (continua sendo), via na invasão russa da Tchecoslováquia a traição dos ideais que lhe eram caros e achava inaceitável que as vítimas com as quais queria se solidarizar caçoassem desses mesmos ideais traídos. "Não acho graça nisso", disse ela friamente, e apenas nossa condição de perseguidos nos preservou de uma ruptura.

Poderia contar muitas histórias desse gênero. Essas mudanças de opinião não se referem apenas à política, mas também aos costumes em geral, o feminismo primeiro ascendente e depois declinante, a admiração seguida de desprezo pelo nouveau roman, o puritanismo revolucionário varrido pela pornografia libertária, a ideia da Europa denegrida como reacionária e neocolonialista por aqueles que em seguida a desfraldaram como uma bandeira do Progresso etc. E me pergunto: lembram-se ou não de suas atitudes passadas? Será que guardam na memória a história de suas mudanças? Não fique indignado em ver as pessoas mudarem de opinião. Bezúkhov, antigo admirador de Napoleão, tornou-se seu virtual assassino, e num caso e no outro simpatizo com ele. Uma mulher que venerava Lênin em 1971 não teria o direito de alegrar-se em 1991 com o fato de Leningrado não ser mais Leningrado? Claro que sim. No entanto, essa mudança difere da de Bezúkhov.

É precisamente quando seu mundo interior se transforma que Bezúkhov ou Bolkónski se confirmam como indivíduos; que surpreendem; que se tornam diferentes; que sua liberdade se inflama, e com ela a identidade do eu; são momentos de poesia: eles os vivem com tal intensidade que o mundo inteiro acorre ao seu encontro com um cortejo embriagado de detalhes maravilhosos. Em Tolstói, o homem é tanto mais ele mesmo, é tanto mais indivíduo quanto mais tem a força, a fantasia, a inteligência de se transformar.

Em contrapartida, aqueles que vejo mudar de atitude com relação a Lênin, à Europa etc. revelam-se em sua não individualidade. Essa mudança não é nem sua criação, nem sua invenção, nem capricho, nem surpresa, nem reflexão, nem loucura; ela é sem poesia, nada mais do que uma acomodação muito prosaica ao espírito mutante da História. É porque eles nem mesmo percebem isso; no final das contas, continuam sempre os mesmos: sempre dentro da verdade, pensando sempre aquilo que, em seu meio, é preciso pensar; mudam não para se aproximar de sua essência mas para se misturar aos outros; a mudança lhes permite permanecer imutáveis.

Posso me expressar de outra maneira: mudam suas ideias em função do tribunal invisível que, este também, está mudando suas ideias; sua mudança não é, portanto, senão um desafio comprometido com o que o tribunal vai proclamar amanhã como verdade. Penso em minha juventude vivida na Tchecoslováquia. Mal tendo saído do primeiro encantamento com o comunismo, sentíamos cada pequeno passo contra a doutrina oficial como um ato de coragem. Protestávamos contra a perseguição aos crentes, defendíamos a arte moderna proscrita, contestávamos a burrice da propaganda, criticávamos nossa dependência da Rússia etc. Ao fazer isso, arriscávamos alguma coisa, não muito, mas alguma coisa, e esse (pequeno) perigo nos dava uma agradável satisfação moral. Um dia, uma terrível ideia me ocorreu: e se essas revoltas fossem ditadas não por uma liberdade interior, não por uma coragem, mas pelo desejo de agradar ao outro tribunal que, na sombra, já preparava sua sessão?

DAS JANELAS

Não podemos ir mais longe do que Kafka em *O processo*; ele criou uma imagem extremamente poética de um mundo extremamente apoético. Por "mundo extremamente apoético" quero dizer: um mundo em que não há mais lugar para uma liberdade individual, para a originalidade de um indivíduo, onde o homem não é senão um instrumento de forças extra-humanas: da burocracia, da técnica, da História. Por "imagens extremamente poéticas" quero dizer: sem mudar sua essência e seu caráter apoéticos, Kafka transformou, remodelou esse mundo com sua imensa fantasia de poeta.

K. está completamente absorvido pela situação do processo, situação que lhe foi imposta; não tem um mínimo de tempo para pensar em mais nada. E, no entanto, mesmo nessa situação sem saída existem janelas que se abrem, subitamente, por um breve momento. Não pode fugir por essas janelas; elas se entreabrem e logo se fecham; mas ao menos pode ver, por um momento, a poesia do mundo que está lá fora, a poesia que, apesar de tudo, existe como uma possibilidade sempre presente e que ilumina como uma pequena centelha de prata sua vida de homem acuado.

Essas breves aberturas são, por exemplo, os olhares de K.: ele chega na rua do bairro afastado onde foi convocado para seu primeiro interrogatório. Um momento antes, até correu para chegar a tempo. Agora, para. Está em pé na rua e, esquecendo-se por alguns segundos do processo, olha em volta: "a maioria das janelas estava ocupada; homens em mangas de camisa se debruçavam sobre elas; fumavam ou seguravam nos parapeitos, com cuidado e afeição, crianças pequenas. Em outras janelas havia pilhas altas de roupas de cama, sobre as quais apareciam de forma fugidia cabeças desgrenhadas de mulheres". Depois, ele entrou no pátio. "Perto dela estava sentado, sobre uma caixa, um homem de pés descalços, lendo um jornal. Dois meninos se balançavam em cima de um carrinho de mão. Diante de uma bomba de água uma jovem frágil, de peignoir, olhava para K. enquanto a água jorrava dentro de sua jarra."

Essas frases me fazem pensar nas descrições de Flaubert: concisão; plenitude visual; sentido dos detalhes dos quais nenhum é clichê. Essa força de descrição faz sentir a que ponto K. está sedento do real, com que avidez bebe o mundo que, um momento antes, fora eclipsado pelas preocupações do processo. Que pena, a pausa é curta, no instante seguinte K. não terá mais olhos para a moça frágil de camisola de dormir cujo cântaro se enchia d'água: a torrente do processo irá retomá-lo. As poucas situações eróticas do romance são também como janelas fugidiamente entreabertas; muito fugidiamente: K. não encontra senão mulheres ligadas de um modo ou outro ao seu processo: a senhorita Bürstner, por exemplo, sua vizinha, no quarto de quem se deu a prisão; K. conta-lhe, perturbado, o que tinha acontecido, e consegue, no fim, próximo à porta, beijá-la: "[...] agarrou-a, beijou-a na boca e depois no rosto inteiro, como um animal *sedento* que passa a língua sobre a fonte de água finalmente encontrada". Assinalo a palavra "sedento", significativa para o homem que perdeu sua vida normal e que com ela só pode se comunicar furtivamente por uma janela.

Durante o primeiro interrogatório, K. começa a fazer um relato, mas é logo perturbado por um acontecimento curioso: estão na sala a mulher do oficial de justiça e um estudante feio, magrela, que consegue jogá-la ao chão e fazer amor com ela no meio do público. Com esse incrível encontro de acontecimentos incompatíveis (a sublime poesia kafkiana, grotesca e inverossímil!), eis uma nova janela que se abre sobre a paisagem, longe do processo, na vulgaridade alegre, na alegre liberdade vulgar que foi confiscada de K.

Essa poesia kafkiana me lembra, por oposição, um outro romance que é também a história de uma prisão e de um processo: *1984*, de Orwell, o livro que durante décadas serviu de referência constante aos profissionais do antitotalitarismo. Nesse romance, que quer ser o retrato horripilante de uma sociedade totalitária imaginária, não existem janelas; ali, não entrevemos a moça frágil com um cântaro se enchendo d'água; esse romance é impermeavelmente fechado à poesia; romance? um pensamento político disfarçado em romance; o pensamento, certo que lúcido e justo, mas deformado por seu disfarce romanesco que o torna inexato e aproximativo. Se a forma romanesca obscurece o pensamento de Orwell, será que lhe dá alguma coisa em troca? Esclarecerá ela o mistério das situações humanas a que nem a sociologia nem as ciências políticas têm acesso? Não: nele as situações e os personagens são de uma banalidade de cartaz de rua. Será ela ao menos justificável como uma vulgarização de boas ideias? Também não. Pois as ideias transformadas em romance não atuam mais como ideias, mas precisamente como romance, e, no caso de *1984,* atuam como um *mau* romance, com toda a influência nefasta que um mau romance pode exercer.

A influência nefasta do romance de Orwell reside na redução implacável de uma realidade ao seu aspecto puramente político e na redução desse mesmo aspecto ao que ele tem de exemplarmente negativo. Recuso-me a perdoar essa redução sob pretexto de que ela fosse útil como propaganda na luta contra o mal totalitário. Pois esse mal é precisamente a redução da vida à política e da política à propaganda. Desse modo, o romance de Orwell, apesar de suas intenções, faz ele próprio parte do espírito totalitário, do espírito de propaganda. Reduz (e ensina a reduzir) a vida de uma sociedade detestável à simples enumeração de seus crimes.

Quando falo com os tchecos, um ano ou dois depois do comunismo, ouço no relato de todos e de cada um essa fórmula transformada em ritual, esse preâmbulo obrigatório de todas as suas lembranças, de todas as suas reflexões: "depois desses quarenta anos de horror comunista" ou "os horríveis quarenta anos" e, sobretudo, "os quarenta anos perdidos". Olho meus interlocutores: eles não foram nem forçados a emigrar, nem foram presos, nem foram despedidos de seus empregos, nem ao menos ficaram malvistos; todos viveram sua vida em seu país, em seu apartamento, com seu trabalho, tiveram suas férias, suas amizades, seus amores; com a expressão "quarenta anos horríveis", reduzem suas vidas apenas ao seu aspecto político. Mesmo a história política dos quarenta anos passados, teriam eles realmente vivido essa história como um só bloco não diferenciado de horrores? Teriam eles esquecido os anos em que viam os filmes de Forman, liam os livros de Hrabal, frequentavam os pequenos teatros não conformistas, contavam centenas de piadas e, com alegria, caçoavam do poder? Se falam, todos, de quarenta anos horríveis, é que *orwellizaram* a lembrança de sua própria vida que, assim, a posteriori, em sua memória e em sua cabeça, se tornou desvalorizada ou foi até mesmo completamente anulada (quarenta anos *perdidos*).

K., mesmo na situação de extrema privação de liberdade, é capaz de ver uma moça frágil com um cântaro que lentamente se enche de água. Já disse que esses momentos são como janelas que fugidiamente se abrem sobre uma paisagem situada longe do processo de K. Sobre que paisagem? Vou tornar a metáfora mais precisa: as janelas abertas no romance de Kafka dão sobre a paisagem de Tolstói; sobre o mundo em que os personagens, mesmo nos momentos mais cruéis, conservam uma liberdade de decisão que dá à vida essa feliz imprevisibilidade que é a fonte da poesia. O mundo extremamente poético de Tolstói é oposto ao mundo de Kafka. No entanto, graças à janela entreaberta, como um sopro de nostalgia, como uma brisa quase imperceptível, entra na história de K. e nela continua presente.

TRIBUNAL E PROCESSO

Os filósofos da existência gostavam de insuflar uma significação filosófica nas palavras da linguagem cotidiana. É difícil para mim pronunciar as palavras *angústia* ou *conversa* sem pensar no significado que Heidegger deu a elas. Nesse ponto, os romancistas precederam os filósofos. Examinando as situações de seus personagens, elaboram seu próprio vocabulário, muitas vezes com palavras-chave que adquirem o caráter de um conceito e ultrapassam a situação definida pelos dicionários. Assim, Crébillon filho emprega a palavra *momento* como palavra-conceito do jogo libertino (a ocasião momentânea em que uma mulher pode ser seduzida) e lega-a a sua época e a outros escritores. Assim, Dostoiévski fala de *humilhação*, Stendhal, de *vaidade*. Kafka, graças a *O processo*, nos lega ao menos duas palavras-conceito tornadas indispensáveis para compreensão do mundo moderno: *tribunal* e *processo*. Ele nos *lega*: isto quer dizer, ele as coloca à nossa disposição para que as utilizemos, pensemos e repensemos nelas em função de nossas experiências próprias.

O tribunal: não se trata de instituição jurídica destinada a punir aqueles que transgrediram as leis de um Estado; o tribunal, no sentido que Kafka lhe deu, é uma força que julga e que julga porque é força: é sua força, e nada além disso, que confere ao tribunal sua legitimidade; quando vê os dois intrusos entrarem em seu quarto, K. reconhece essa força desde o primeiro momento e se submete a ela.

O processo movido pelo tribunal é sempre *absoluto*; isso quer dizer: diz respeito não a um ato isolado, um crime determinado (um roubo, uma fraude, uma violação), mas à personalidade do acusado em seu conjunto: K. procura seu erro "nos mínimos atos e acontecimentos" de *toda* sua vida; Bezúkhov, em nosso século, seria portanto acusado ao mesmo tempo por seu amor e por seu ódio a Napoleão. E também por sua embriaguez, pois, sendo absoluto, o processo trata da vida pública assim como da vida privada; Brod condena K. à morte porque ele não vê nas mulheres senão a "sexualidade mais baixa"; lembro-me dos processos políticos em Praga em 1951; em tiragens enormes, foram distribuídas as biografias; foi então a primeira vez que li um texto pornográfico: o relato de uma orgia na qual o corpo nu de uma acusada, coberto de chocolate (em plena época de penúria!), é lambido pela língua de outros acusados, futuros enforcados; no começo do desmoronamento gradual da ideologia comunista, o processo contra Karl Marx (processo que culminou hoje com a destruição de suas estátuas na Rússia e em outros lugares) foi iniciado pelo ataque à sua vida particular (o primeiro livro anti-Marx que li: o relato de suas relações sexuais com a empregada); em *A brincadeira*, um tribunal de três estudantes julga Ludvik por uma frase que tinha mandado à sua namorada; ele se defende dizendo tê-la escrito com muita pressa, sem pensar; respondem: "Assim ao menos sabemos aquilo que se *esconde* em você"; pois tudo o que o acusado diz, murmura, pensa, tudo aquilo que esconde em si será posto à disposição do tribunal. O processo é absoluto nisso ainda, não se restringe aos limites da vida do acusado; se você perder o processo, diz o tio a K., "significa que vai ser simplesmente riscado do mapa. E que todos os parentes também serão arrastados, ou pelo menos humilhados até o chão"; a culpabilidade de um juiz judeu inclui a dos judeus de todos os tempos; a doutrina comunista, sob a influência da origem das classes, engloba no erro do acusado o erro de seus pais e avós; no processo que move contra a Europa pelo crime de colonização, Sartre não acusa os colonos, mas a Europa, *toda* a Europa, a Europa de *todos os tempos*; pois "o colono está em cada um de nós", pois um "homem, em nosso caso, quer dizer um cúmplice, já que nós *todos* aproveitamos a exploração colonial". O espírito do processo não reconhece nenhuma prescrição; o passado distante é tão vivo quanto um acontecimento de hoje; e, mesmo depois de morto, você não escapará: há espiões no cemitério.

A memória do processo é colossal, mas é uma memória toda especial que podemos definir como o *esquecimento de tudo que não é crime*. O processo reduz, portanto, a biografia do acusado *à criminografia*; Victor Farias (cujo livro *Heidegger e o nazismo* é um exemplo clássico de criminografia) encontra na primeira juventude do filósofo as raízes do seu nazismo sem se preocupar nem um pouco onde se encontram as raízes de seu gênio. Os tribunais comunistas, para punir um desvio ideológico do acusado, colocavam no índex *toda* a sua obra (desse modo, eram proibidos nos países comunistas Lukács e Sartre, por exemplo, mesmo com seus textos pró-comunistas); "por que nossas ruas ainda têm os nomes de Picasso, Aragon, Éluard, Sartre?", pergunta, em 1991, numa embriaguez pós-comunista, um jornal parisiense; ficamos tentados a responder: pelo valor de suas obras! Mas em seu processo contra a Europa, Sartre disse bem o que esses valores representam: "nossos queridos valores perdem suas asas; olhando-os de perto, não encontraremos um que não esteja manchado de sangue"; os valores manchados não são mais valores; o espírito do processo é a redução de tudo ao aspecto moral; é o niilismo absoluto em relação a tudo que é trabalho, arte, produção.

Antes mesmo que os intrusos viessem prendê-lo, K. enxergou um velho casal que o olhava da casa em frente "com uma curiosidade [...] inteiramente incomum"; desse modo, desde o começo, *o coro antigo dos porteiros* entra em jogo; Amália, de *O castelo*, nunca foi acusada nem condenada, mas é notoriamente conhecido que o tribunal invisível sentiu-se ofendido por ela e isso foi suficiente para que todos os camponeses, de longe, a evitassem; pois se o tribunal impõe um *regime de processo* a um país, todo o povo forma brigadas nas grandes manobras do processo e multiplica por cem sua eficácia; cada um sabe que pode ser acusado a qualquer momento e rumina antecipadamente uma autocrítica; a autocrítica: sujeição do acusado ao acusador, renúncia de seu eu; modo de se anular como indivíduo; depois da revolução comunista de 1948, uma moça tcheca de família rica sentiu-se culpada por seus privilégios não merecidos de criança protegida; para diminuir sua culpa, tornou-se uma comunista a tal ponto fervorosa que renegou publicamente seu pai; hoje, depois do desaparecimento do comunismo, ela é submetida novamente a um julgamento e se sente novamente culpada; tendo passado pelo esmagamento de dois processos, de duas autocríticas, tem por trás de si apenas o deserto de uma vida renegada; apesar de lhe terem devolvido, nesse meio-tempo, todas as casas confiscadas de seu pai (renegado) no passado, ela hoje é um ser anulado; duplamente anulado; autoanulado.

Pois move-se um processo não para fazer justiça, mas para anular o acusado; como disse Brod: aquele que não ama ninguém, que só conhece o flerte, deve morrer; assim, K. é decapitado; Bukharin é enforcado. Mesmo quando movemos um processo contra os mortos, é para poder matá-los uma segunda vez: queimando seus livros; afastando seus nomes dos manuais escolares; demolindo seus monumentos; desbatizando as ruas que têm seu nome.

O PROCESSO CONTRA O SÉCULO

Há mais ou menos setenta anos a Europa vive sob um regime de processo. Entre os grandes artistas do século, quantos acusados... Vou falar apenas daqueles que representaram alguma coisa para mim. Existiram, a partir dos anos 1920, os perseguidos pelo tribunal da moral revolucionária: Bounin, Andreiev, Meyerhold, Pilniak, Veprik (músico judeu russo, mártir esquecido da arte moderna, ousou, contra Stálin, defender a ópera condenada de Chostakovitch; foi enfiado num campo de concentração; lembro-me de suas composições para piano que meu pai gostava de tocar), Mandelstam, Halas (poeta adorado por Ludvik de *A brincadeira*; perseguido post mortem por sua tristeza, considerada contrarrevolucionária). Depois vieram os perseguidos pelo tribunal nazista: Broch (sua foto está na minha mesa de trabalho, de onde me olha, com um cachimbo na boca), Schönberg, Werfel, Brecht, Thomas e Heinrich Mann, Musil, Vančura (o prosador tcheco de quem mais gosto), Bruno Schulz. Os impérios totalitários desapareceram, com seus processos sangrentos, mas o *espírito do processo* ficou como herança, e é ele que acerta as contas. Assim, foram atingidos por processos os acusados de simpatia pelo nazismo: Hamsun, Heidegger (todo o pensamento da dissidência tcheca deve-se a ele, principalmente o de Patocka), Richard Strauss, Gottfried Benn, Von Doderer, Drieu la Rochelle, Céline (em 1992, meio século depois da guerra, um prefeito indignado recusa-se a classificar sua casa como monumento histórico); os partidários de Mussolini: Malaparte, Marinetti, Ezra Pound (durante meses o Exército americano o manteve numa jaula, sob o calor escaldante da Itália, como um bicho; em seu ateliê em Reykjavík, Kristjan Davidsson me mostra uma grande fotografia dele: "Há cinquenta anos, ele me acompanha aonde quer que eu vá"); os pacifistas de Munique: Giono, Alain, Morand, Montherlant, Saint-John Perse (membro da delegação francesa, participou bem de perto da humilhação de meu país natal); depois os comunistas e seus simpatizantes: Maiakóvski (hoje em dia, quem se lembra de sua poesia de amor, de suas incríveis metáforas?), Górki, G. B. Shaw, Brecht (que enfrentou então seu segundo processo), Éluard (esse anjo exterminador que enfeitava sua assinatura com a imagem de duas espadas), Picasso, Léger, Aragon (como poderia esquecer que ele me estendeu a mão num momento difícil de minha vida?), Nezval (seu autorretrato a óleo está pendurado ao lado de minha biblioteca), Sartre. Alguns enfrentam um duplo processo, acusados primeiro de traição à revolução, depois acusados por serviços que haviam prestado a ela: Gide (símbolo de todo o mal para os antigos países comunistas), Chostakovitch (para resgatar sua música difícil, compunha bobagens para as necessidades do regime; achava que, para a história da arte, uma coisa sem valor é coisa nula e sem importância; não sabia que para o tribunal o que conta é precisamente o que não tem valor), Breton, Malraux (acusado ontem de ter traído os ideais revolucionários, acusável amanhã por ter tido esses mesmos ideais), Tibor Déry (alguns trabalhos em prosa desse escritor, preso depois do massacre de Budapeste, foram para mim a primeira resposta *literária*, não propagandista, ao stalinismo). A flor mais preciosa do século, a arte moderna dos anos 1920 e 1930, chegou a ser triplamente acusada: primeiro pelo tribunal nazista, como *Entartete Kunst*, "arte degenerada"; em seguida, pelo tribunal comunista, como "formalismo elitista estranho ao povo"; e afinal, pelo tribunal do capitalismo triunfante, como arte que se impregnara de ilusões revolucionárias.

Como é possível que o patrioteiro da Rússia soviética, o fazedor de propaganda em versos, aquele que o próprio Stálin chamou de "o maior poeta de nossa época", como é possível que Maiakóvski continue sendo apesar disso um imenso poeta, um dos maiores? Será que a poesia lírica, essa deusa intocável, com sua capacidade de entusiasmo, com suas lágrimas de emoção que a impedem de ver claramente o mundo exterior, não estava predestinada a se tornar, num dia fatal, a embelezadora de atrocidades e sua "serva de bom coração"? Eis as perguntas que me fascinaram quando, 23 anos atrás, escrevi *A vida está em outro lugar*, romance em que Jaromil, um jovem poeta de menos de vinte anos, se torna o servidor exaltado do regime stalinista. Fiquei estarrecido quando os críticos, apesar de elogiarem meu livro, viam em meu herói um falso poeta, até um salafrário. A meus olhos, Jaromil era um poeta autêntico, uma alma inocente; sem isso, não teria visto nenhum interesse em meu romance. Seria eu o culpado do mal-entendido? Teria me expressado mal? Acho que não. Ser um verdadeiro poeta e aderir ao mesmo tempo (como Jaromil ou Maiakóvski) a um incontestável horror é um *escândalo*. Foi com essa palavra que os franceses designaram um acontecimento injustificável, inaceitável, que contradiz a lógica e que é, no entanto, real. Somos todos inconscientemente tentados a evitar os escândalos, a fazer como se não existissem. É por isso que preferimos dizer que as grandes figuras da cultura comprometidas com os horrores do nosso século eram salafrários; mas não é verdade; não seria por causa de sua vaidade, sabendo que são vistos, olhados, julgados, os artistas, os filósofos ficam ansiosamente preocupados em ser honestos e corajosos, em ficar do lado bom e do lado da verdade. O que torna o escândalo ainda mais intolerável, ainda mais indecifrável. Se não quisermos sair desse século tão idiotas quanto entramos, é preciso abandonar o moralismo fácil do processo e pensar nesse escândalo, pensar até o fim, mesmo se isso nos conduzir a um novo questionamento de todas as certezas que temos sobre o homem tal como é.

Mas o conformismo da opinião pública é uma força que se ergueu como tribunal, e o tribunal não está ali para perder seu tempo com pensamentos, está ali para instruir processos. E à medida que, entre os juízes e os acusados, o abismo do tempo se aprofunda, é sempre uma experiência menor que julga uma experiência maior. Os imaturos julgam os erros de Céline sem se dar conta de que a obra de Céline, graças a esses erros, contém um saber existencial que, se eles o compreendessem, poderia torná-los mais adultos. Pois o poder da cultura reside nisto: resgata o horror transubstanciando-a em sabedoria existencial. Se o espírito do processo conseguir anular a cultura do século XX, não sobrará atrás de nós senão a lembrança das atrocidades, cantada por um coral de crianças.

OS INCULPABILIZÁVEIS DANÇAM

A música (correntemente e vagamente) rock inunda o ambiente sonoro da vida cotidiana há vinte anos; apossou-se do mundo no mesmo momento em que o século XX, com repulsa, vomitou sua história; uma pergunta me persegue: será fortuita essa coincidência? Ou haveria um sentido secreto nesse encontro dos processos finais do século e do êxtase do rock? Na gritaria extática, quereria o século esquecer-se de si mesmo? Esquecer suas utopias naufragadas no horror? Esquecer sua arte? Uma arte que, por sua sutileza, por sua vã complexidade, irrita os povos, ofende a Democracia?

A palavra *rock* é vaga; prefiro, portanto, descrever essa música: as vozes humanas prevalecem sobre os instrumentos, as vozes agudas sobre as vozes baixas; a dinâmica é sem contrastes e persiste num imutável *fortissimo* que transforma o canto num berro; como no jazz, o ritmo acentua o segundo tempo do compasso, mas de uma maneira mais estereotipada e mais barulhenta; a harmonia e a melodia são simplistas e assim colocam em evidência a cor da sonoridade, único componente inventivo dessa música; enquanto os refrãos da primeira metade do século tinham melodias que faziam chorar o pobre povo (e encantavam a ironia musical de Mahler e de Stravínski), a música rock é isenta do pecado do sentimentalismo; ela não é sentimental, ela é extática, é o prolongamento de um só momento de êxtase; e como o êxtase é um momento arrancado ao tempo, um curto momento sem memória, momento cercado de esquecimento, o motivo melódico não tem espaço para se desenvolver, apenas se repete, sem evolução e sem conclusão (o rock é a única música "ligeira" em que a melodia não é predominante; as pessoas não cantarolam as melodias de rock).

Coisa curiosa: graças à técnica de reprodução sonora, essa música do êxtase ressoa sem parar em todo lugar, portanto fora das situações extáticas. A imagem acústica do êxtase tornou-se cenário cotidiano de nosso tédio.

Não nos convidando a nenhuma orgia, a nenhuma experiência mística, o que quer nos dizer esse êxtase banalizado? Que o aceitemos. Que nos acostumemos com ele. Que respeitemos o lugar privilegiado que ocupa. Que observemos a *moral* que ele decreta.

A moral do êxtase é contrária à do processo; sob sua proteção, todo mundo faz tudo o que quer: todos já podem chupar o dedo à vontade desde a infância até o ginásio, e é uma liberdade à qual ninguém vai querer renunciar; olhe em torno de você no metrô; sentados, de pé, todos estão com um dedo num dos orifícios do rosto; na orelha, na boca, no nariz; ninguém se sente observado pelo outro e todos pensam em escrever um livro para poder falar de seu inimitável e único eu que põe o dedo no nariz; ninguém escuta ninguém, todo mundo escreve e cada um escreve como se dança o rock: só, para si, concentrado em si e fazendo no entanto os mesmos movimentos que todos os outros. Nessa situação de *egocentrismo uniformizado*, o sentimento de culpa não desempenha mais o mesmo papel que outrora; os tribunais trabalham sempre, mas são fascinados unicamente pelo passado; visam apenas o coração do século; visam apenas as gerações velhas ou mortas. Os personagens de Kafka eram culpabilizados pela autoridade do pai; é porque seu pai o rejeita que o herói de *O veredicto* se afoga num rio; esse tempo já terminou: no mundo do rock, sobrecarregou-se o pai com um tal peso de culpabilidade que, há muito tempo, ele permite tudo. Os inculpabilizáveis dançam.

Recentemente, dois adolescentes assassinaram um padre: escuto o comentário na televisão; um outro padre fala, a voz trêmula de compreensão: é preciso rezar pelo padre que foi vítima de sua missão: ele se ocupava especialmente da juventude. Mas é preciso rezar também pelos dois adolescentes infelizes; eles também foram vítimas: de suas pulsões.

À medida que a liberdade de pensamento, a liberdade de palavras, de atitudes, de brincadeiras, de reflexões, de ideias perigosas e de provocações intelectuais se restringe, fiscalizada que é pela vigilância do tribunal do conformismo geral, *a liberdade das pulsões* vai crescendo. Pregamos a severidade para com os pecados do pensamento; pregamos o perdão para com crimes cometidos no êxtase emotivo.

OS CAMINHOS NO NEVOEIRO

Os contemporâneos de Robert Musil admiravam muito mais sua inteligência do que seus livros; segundo eles, deveria ter escrito ensaios e não romances. Para refutar essa opinião, basta uma prova negativa: ler os ensaios de Musil: como são pesados, enfadonhos e sem encanto! Pois Musil é um grande pensador *somente* em seus romances. Seu pensamento precisa se alimentar de situações concretas de personagens concretos; resumindo, é um *pensamento romanesco* e não filosófico.

Cada primeiro capítulo das dezoito partes de *Tom Jones*, de Fielding, é um ensaio curto. O primeiro tradutor francês, no século XVIII, eliminou-os todos, pura e simplesmente, alegando que não correspondiam ao gosto dos franceses. Turguêniev censurava em Tolstói os trechos ensaísticos sobre a filosofia da História em *Guerra e paz*. Tolstói começou a duvidar de si mesmo e, sob a pressão dos conselhos, eliminou esses trechos para a terceira edição do romance. Felizmente, mais tarde, os reincorporou. Existe uma reflexão romanesca, assim como existem um diálogo e uma ação romanescos. As longas reflexões em *Guerra e paz* são impensáveis fora do romance, por exemplo, numa revista científica. Claro que por causa da linguagem, cheia de comparações e de metáforas intencionalmente ingênuas. Mas sobretudo porque Tolstói falando de História não se interessa, como faria um historiador, pela descrição exata dos acontecimentos, por suas consequências para a vida social, política, cultural, pela avaliação do papel de um ou de outro etc.; ele se interessa pela História como uma *nova dimensão da existência humana.*

A História tornou-se a experiência de cada um por volta do começo do século XIX, durante essas guerras napoleônicas de que fala *Guerra e paz*; essas guerras, de repente, fizeram cada europeu compreender que o mundo em torno dele está à mercê de uma mudança perpétua que se insere em sua vida, a transforma e a mantém em movimento. Antes do século XX, as guerras, as revoltas eram sentidas como catástrofes naturais, a peste ou um tremor de terra. As pessoas não percebiam nos acontecimentos históricos nem unidade nem continuidade e não achavam que podiam influir em seu curso. Jacques o Fatalista, de Diderot, foi convocado para um regimento, depois foi gravemente ferido numa batalha; toda a sua vida será marcada por isso, ele irá mancar até o fim de seus dias. Mas de que batalha se trata? O romance não diz. E por que dizê-lo? Todas as guerras eram parecidas. Nos romances do século XVIII, o momento histórico é determinado de modo muito vago. É apenas com o começo do século XIX, a partir de Scott e de Balzac, que todas as guerras não são mais parecidas e que os personagens dos romances vivem num tempo com data precisa.

Tolstói volta às guerras napoleônicas com um atraso de cinquenta anos. Em seu caso, a nova percepção da História não mais se inscreve apenas na estrutura do romance que se tornou cada vez mais apto a captar (pelos diálogos, pelas descrições) o caráter histórico dos acontecimentos narrados; o que interessa em primeiro lugar é a relação do homem com a História (sua capacidade de dominá-la ou de escapar dela, de ser livre ou não em relação a ela), e ele aborda esse problema diretamente, como tema de seu romance, tema que examina por todos os meios, incluindo nisso a reflexão romanesca.

Tolstói polemiza contra a ideia de que a História é feita pela vontade e a razão dos grandes personagens. Segundo ele, a História se faz por si mesma, obediente às suas próprias leis que continuam obscuras para o homem. Os grandes personagens "eram *instrumentos involuntários* da história e produziam uma obra *oculta para elas*". Mais adiante: "A Providência obrigou todas essas pessoas, que pelejavam para alcançar seus objetivos pessoais, a colaborar para a concretização de um resultado enorme, que *não estava nas expectativas* de pessoa alguma (nem de Napoleão, nem de Alexandre, e menos ainda de qualquer um dos participantes da guerra)". E ainda: "A pessoa vive para si de forma consciente, mas serve de *instrumento inconsciente* para a realização dos objetivos históricos". Daí esta enorme conclusão: "*A história, ou seja, a vida inconsciente, comum, a vida de colmeia da humanidade*". [Assinalo eu mesmo as fórmulas-chave.]

Com essa concepção da História, Tolstói desenha o espaço metafísico no qual seus personagens se movem. Não conhecendo nem o sentido da História nem seu futuro curso, não conhecendo nem mesmo o sentido objetivo de seus próprios atos (pelos quais eles servem "involuntariamente" em uma obra que era "oculta para elas"), eles avançam em suas vidas como avançamos *no nevoeiro*. Digo nevoeiro, não escuridão. Na escuridão, não se vê nada, fica-se cego, fica-se à mercê, não se fica livre. No nevoeiro, fica-se livre, mas é a liberdade daquele que está no nevoeiro: ele vê cinquenta metros diante de si, pode distinguir nitidamente os traços de seu interlocutor, pode deleitar-se com a beleza das árvores que margeiam o caminho e até mesmo observar o que se passa por perto e reagir.

O homem é aquele que avança no nevoeiro. Mas quando olha para trás para julgar as pessoas do passado, não vê nenhum nevoeiro no caminho. A partir de seu presente, que foi o futuro distante deles, seu caminho parece inteiramente claro, visível em toda a sua extensão. Olhando para trás, o homem vê o caminho, vê as pessoas que vêm vindo, vê seus erros, mas o nevoeiro não está mais ali. E, no entanto, todos, Heidegger, Maiakóvski, Aragon, Ezra Pound, Górki, Gottfried Benn, Saint-John Perse, Giono, todos andavam no nevoeiro, e pode-se perguntar: quem é o mais cego? Maiakóvski, que, ao escrever seu poema sobre Lênin, não sabia aonde levaria o leninismo? Ou nós, que o julgamos com a distância das décadas e não vemos o nevoeiro que o envolvia?

A cegueira de Maiakóvski faz parte da eterna condição humana.

Não ver o nevoeiro no caminho de Maiakóvski é esquecer o que é o homem, esquecer o que nós mesmos somos.

NONA PARTE
Nisso, meu caro, você não manda

I

Perto do fim da sua vida, Stravínski decidiu reunir em disco toda a sua obra numa grande edição sob sua própria execução, como pianista ou regente, para que existisse uma versão sonora autorizada de toda a sua música. Essa vontade de assumir ele mesmo o papel de executante provocou muitas vezes reações irritadas: com que furor, em seu livro editado em 1961, Ernest Anser-met caçoou dele: quando Stravínski rege a orquestra, é tomado "de tal pânico que aperta sua estante contra o pódio com medo de cair, não pode tirar o olho de uma partitura mesmo conhecendo-a de cor e ainda conta os tempos!"; interpreta sua música "literalmente, como um escravo"; "como executante, toda alegria o abandona".

Por que esse sarcasmo?

Abro a correspondência de Stravínski: a troca de cartas com Ansermet começa em 1914; 146 cartas de Stravínski: meu caro Ansermet, meu caro, meu caro amigo, meu muito caro, meu caro Ernest; nem sombra de qualquer tensão; depois, como um raio:

Paris, 14 de outubro de 1937:
Com toda pressa, meu caro.
Não há razão alguma para fazer esses cortes no *Jogo de cartas* tocado no concerto. [...] As peças desse gênero são suítes de danças cuja forma é rigorosamente sinfônica e que não exigem nenhuma explicação a dar ao público, pois não há nelas elementos descritivos ilustrando a ação cênica que possam entravar a evolução sinfônica dos trechos que se seguem.

Se passou pela sua cabeça essa ideia estranha de me pedir para fazer os cortes é porque o encadeamento dos trechos que compõem *Jogo de cartas* parece-lhe pessoalmente um pouco enfadonho. Na verdade, nada posso fazer. Mas o que sobretudo me espanta é que você tente me convencer, eu mesmo, a fazer os cortes, eu que acabo de reger essa peça em Veneza e que lhe contei com que alegria o público a recebeu. Ou você esqueceu o que lhe contei ou não dá grande importância às minhas observações e ao meu senso crítico. Por outro lado, não acredito muito que seu público seja menos inteligente que o de Veneza.

E pensar que é você quem me propõe cortar minha composição, com todas as probabilidades de deformá-la, a fim de que esta seja mais bem compreendida pelo público — você, que não teve medo desse público tocando uma obra tão arriscada do ponto de vista do sucesso e da compreensão dos ouvintes como a *Sinfonia para instrumentos de sopro*!

Não posso portanto deixá-lo fazer cortes em *Jogo de cartas*; acho que é melhor não tocá-la do que fazê-lo contrariado.

Nada mais tenho a acrescentar e ponho um ponto final no assunto.

Em 15 de outubro, a resposta de Ansermet:

"Gostaria apenas de lhe perguntar se me perdoaria o pequeno corte na marcha do segundo compasso de 45 até o segundo compasso de 58."

Stravínski reage no dia 19 de outubro:

[...] Sinto muito, mas não lhe posso permitir nenhum corte em *Jogo de cartas*.

O corte absurdo que você me pede para fazer *estropia* minha pequena marcha, que tem sua forma e seu sentido construtivo dentro do conjunto da composição (*sentido construtivo* que você pretende defender). Você quer cortar minha marcha unicamente porque a parte do meio e seu desenvolvimento lhe agradam menos que o resto. Não é um motivo suficiente para mim e eu gostaria de lhe dizer: "Nisso, meu caro, você não manda", eu nunca lhe disse: "Olhe, você tem minha partitura e fará dela o que bem entender".

Eu lhe repito: ou você toca *Jogo de cartas* como é ou não toca de maneira nenhuma.

Você parece não ter compreendido que minha carta de 14 de outubro foi bem categórica sobre esse ponto.

A partir daí, eles trocarão apenas umas poucas cartas, lacônicas, frias. Em 1961, Ansermet edita na Suíça um volumoso livro musicológico com um longo capítulo que é um ataque à insensibilidade da música de Stravínski (e à sua incompetência como regente). É somente em 1966 (29 anos depois do desentendimento entre eles) que podemos ler esta pequena resposta de Stravínski a uma carta de reconciliação escrita por Ansermet:

Meu caro Ansermet,
sua carta me sensibilizou. Estamos os dois bastante velhos para que não pensemos no fim de nossos dias; e não gostaria de terminar esses dias com o peso doloroso de uma inimizade.

Fórmula arquetípica numa situação arquetípica: é assim que muitas vezes, no fim de suas vidas, amigos que se traíram procuram apagar a hostilidade, friamente, nem mesmo assim voltando a ser amigos.

O que estava em jogo na disputa que fez explodir a amizade é bem claro: os direitos autorais de Stravínski, direitos autorais chamados *morais*; a raiva do autor que não suporta que mexam em sua obra; e o aborrecimento do intérprete que não tolera o orgulho do autor e tenta impor limites ao seu poder.

2

Escuto *A sagração da primavera* na interpretação de Leonard Bernstein; a célebre passagem lírica das *Rondas da primavera* parece-me suspeita. Abro a partitura:

O que, na interpretação de Bernstein, se torna:

Minha velha experiência com os tradutores: se eles deformam você, nunca é nos detalhes insignificantes mas sempre no essencial. O que não é sem lógica: é na *novidade* (nova forma, novo estilo, nova maneira de ver as coisas) que se encontra o *essencial* de uma obra de arte; e é certamente o novo que, de um modo inteiramente natural e inocente, se choca com a incompreensão. O encanto inédito da passagem citada consiste na tensão entre o lirismo da melodia e o ritmo, mecânico e ao mesmo tempo bizarramente irregular; se esse ritmo não é observado com exatidão, com uma precisão de relógio, se é *rubatizado*, se ao fim de cada fraseado se prolonga a última nota (o que faz Bernstein), a tensão desaparece e a passagem se banaliza.

3

Em sua monografia sobre Janáček, Jaroslav Vogel, regente ele próprio, detém-se nos retoques feitos por Kovařovic na partitura de *Jenůfa*. Ele os aprova e defende. Atitude surpreendente; pois, mesmo se os retoques de Kovařovic fossem eficazes, bons, razoáveis, seriam inaceitáveis por princípio, e a própria ideia de fazer a arbitragem entre a versão de um criador e a daquele que o corrige (censor, adaptador) é perversa. Sem dúvida, seria possível escrever melhor uma ou outra frase de *Em busca do tempo perdido*. Mas onde encontrar o louco que iria querer ler um Proust melhorado?

Além do mais, os retoques de Kovařovic são tudo menos bons ou razoáveis. Para provar que são adequados, Vogel cita a última cena em que, depois da descoberta de seu filho assassinado, depois da prisão de sua madrasta, Jenůfa está sozinha com Laco. Com ciúmes de Stevo, Laco havia anteriormente, por vingança, cortado o rosto de Jenůfa; agora, Jenůfa o perdoa: foi por amor que ele a feriu; do mesmo modo, ela também pecou por amor:

Esse "como eu outrora", alusão a seu amor por Stevo, é dito muito rapidamente, como um pequeno grito, em notas agudas que sobem e se interrompem: como se Jenůfa evocasse alguma coisa que quisesse esquecer imediatamente. Kovařovic dilata a melodia dessa passagem (ele "faz com que se amplie", como diz Vogel) transformando-a assim:

Não é verdade, diz Vogel, que o canto de Jenůfa fica mais bonito na versão de Kovařovic? Não é verdade que o canto também permanece totalmente janáčekiano? Sim, se quiséssemos imitar Janáček, não se poderia fazer melhor. Isso não impede que a melodia acrescentada seja um absurdo. Enquanto, em Janáček, Jenůfa, com um horror contido, lembra-se rapidamente de seu "pecado", em Kovařovic ela se enternece com essa lembrança, demora-se nela, emociona-se (seu canto prolonga as palavras: amor, eu, outrora). Desse modo, diante de Laco, ela canta a nostalgia de Stevo, rival de Laco, ela canta o amor por Stevo, que é a causa de toda a sua infelicidade! Como Vogel, partidário apaixonado de Janáček, pôde defender tamanho disparate psicológico? Como pôde sancioná-lo, sabendo que a revolta estética de Janáček tem origem precisamente na rejeição ao irrealismo psicológico comum na ópera? Como é possível amar alguém e ao mesmo tempo compreendê-lo tão mal?

4

Entretanto, e aí Vogel tem razão: foram os retoques de Kovařovic que, ao tornar a ópera um pouco mais convencional, contribuíram para seu sucesso. "Deixe-nos deformá-lo um pouco, Mestre, e será amado." Mas chega o momento em que o Mestre se recusa a ser amado a esse preço e prefere ser detestado e compreendido.

Quais são os meios que um autor possui para se fazer compreender exatamente como é? Não são muito numerosos, para Hermann Broch nos anos 1930 e na Áustria retalhada pela Alemanha que se tornara fascista, nem mais tarde, na solidão de sua emigração: algumas conferências, em que ele expunha sua estética do romance; depois, cartas aos amigos, aos leitores, aos editores, aos tradutores; ele não negligenciou coisa alguma, sendo, por exemplo, extremamente cuidadoso com os pequenos textos publicados nas capas de seus livros. Numa carta ao seu editor, rebela-se contra a proposta do texto de apresentação preparado para *Os sonâmbulos* que equipara seu romance aos de Hugo von Hofmannsthal e Italo Svevo. Faz uma contraproposta: colocá-lo em paralelo com os de Joyce e Gide.

Vamos nos deter nessa proposta: qual é, na verdade, a diferença entre o contexto Broch-Svevo-Hofmannsthal e o contexto Broch-Joyce-Gide? O primeiro contexto é *literário* no sentido amplo e vago da palavra; o segundo é especificamente *romanesco* (é o Gide dos *Moedeiros falsos* que Broch reivindica). O primeiro contexto é um *pequeno contexto*, ou seja, local, centro-europeu. O segundo é um *grande contexto*, ou seja, internacional, mundial. Colocando-se ao lado de Joyce e Gide, Broch insiste para que seu romance seja reconhecido dentro do contexto do *romance europeu*; ele se dá conta de que *Os sonâmbulos*, assim como *Ulysses* ou *Os moedeiros falsos*, é uma obra que revoluciona a forma romanesca, que cria outra estética do romance e que esta só pode ser compreendida contra o pano de fundo da história do *romance como tal*.

Essa exigência de Broch é válida para toda obra importante. Nunca me cansarei de repetir: o valor e o sentido de uma obra somente podem ser apreciados dentro do grande contexto internacional. Essa verdade torna-se particularmente imperiosa para todo artista que se encontra num isolamento relativo. Um surrealista francês, um autor do *nouveau roman*, um naturalista do século XIX, todos são envolvidos por uma geração, por um movimento mundialmente conhecido, seu programa estético precede, por assim dizer, sua obra. Mas Gombrowicz, onde está ele? Como compreender sua estética?

Deixa seu país em 1939, quando está com 35 anos. Como peça de identidade de artista, leva consigo um único livro, *Ferdydurke*, romance genial, pouco conhecido na Polônia, totalmente desconhecido em outros lugares. Desembarca longe da Europa, na Argentina. Está inimaginavelmente só. Os grandes escritores argentinos nunca chegaram a se aproximar dele. A emigração polonesa anticomunista demonstra pouca curiosidade por sua obra. Durante catorze anos, sua situação permanece inalterada, e, por volta de 1953, começa a escrever e editar seus *Dzienniki* [Diários]. Não se aprende aí grande coisa sobre sua vida, é antes de tudo uma exposição sobre sua situação, uma autoexplicação ininterrupta, estética e filosófica, um manual de sua "estratégia", ou melhor: é seu testamento; não que ele pensasse na morte nessa ocasião: quis impor, como vontade derradeira e definitiva, sua própria compreensão de si mesmo e de sua obra.

Ele delimita sua posição por meio de três recusas-chave: recusa à submissão ao engajamento político da emigração polonesa (não que ele tivesse simpatias pró-comunistas, mas o princípio da arte engajada lhe era repulsivo); recusa à tradição polonesa (segundo ele, pode-se fazer alguma coisa válida pela Polônia simplesmente se opondo à "polonidade", abandonando a pesada herança romântica); recusa, enfim, ao modernismo ocidental dos anos 1960, modernismo estéril, "desleal à realidade", impotente na arte do romance, universitário, esnobe, imerso em sua autoteorização (não que Gombrowicz fosse menos moderno, mas seu modernismo é diferente). É sobretudo essa terceira "cláusula do testamento" que é importante, decisiva e ao mesmo tempo teimosamente incompreendida.

Ferdydurke foi editado em 1937, um ano antes de *A náusea*, porém — sendo Gombrowicz desconhecido e Sartre famoso — *A náusea* por assim dizer confiscou, na história do romance, o lugar de Gombrowicz. Enquanto em *A náusea* a filosofia existencialista adotou uma roupagem romanesca (como um professor que, para distrair os alunos que estão sonolentos, decidisse dar uma aula sob forma de romance), Gombrowicz escreveu um verdadeiro romance que reata relações com a antiga tradição do romance cômico (no sentido de Rabelais, de Cervantes, de Fielding), de tal modo que os problemas existenciais, que o apaixonavam tanto quanto a Sartre, aparecem nele sob uma luz não séria e engraçada.

Ferdydurke é uma dessas obras maiores (com *Os sonâmbulos*, com *O homem sem qualidades*) que inauguram, na minha opinião, o terceiro tempo da história do romance, fazendo ressuscitar a experiência esquecida do romance pré-Balzac e ocupando os domínios que antigamente se consideravam reservados à filosofia. O fato de *A náusea*, e não *Ferdydurke*, ter sido considerado o exemplo dessa nova orientação teve consequências desagradáveis: a noite de núpcias entre a filosofia e o romance desenrolou-se marcada pelo tédio recíproco. Descobertas vinte, trinta anos depois de seu nascimento, a obra de Gombrowicz, as de Broch e de Musil (e, claro, a de Kafka) não tinham mais a força necessária para seduzir uma geração e criar um movimento; interpretadas por outra escola estética que, em muitos aspectos, lhes era contrária, essas obras eram respeitadas, até admiradas, mas incompreendidas, de modo que a maior guinada na história do romance do século xx passou despercebida.

5

Esse era também, como já disse, o caso de Janáček. Max Brod pôs-se à sua disposição como à disposição de Kafka: com um ardor desinteressado. Vamos conceder-lhe essa glória: pôs-se à disposição dos dois maiores artistas que jamais viveram no país em que nasci. Kafka e Janáček: ambos subestimados; ambos com uma estética difícil de captar; ambos vítimas da pequeneza de seu meio. Praga representava para Kafka uma enorme desvantagem. Estava isolado do mundo literário e editorial alemão, e isso lhe foi fatal. Seus editores ocuparam-se pouco desse autor que mal conheciam em pessoa. Joachim Unseld, filho de um grande editor alemão, consagra um livro a esse problema e demonstra que essa era a razão mais provável (acho a ideia muito realista) pela qual Kafka não acabava romances que não eram reclamados. Pois, se um autor não tem perspectiva concreta de editar seu manuscrito, nada o estimula a dar nele o último arremate, nada o impede de afastá-lo provisoriamente de sua mesa e passar para outra coisa.

Para os alemães, Praga não passava de uma cidade de interior, como Brno para os tchecos. Os dois, Kafka e Janáček, eram portanto provincianos. Enquanto Kafka era quase desconhecido num país cuja população lhe era estranha, Janáček, no mesmo país, era menosprezado por seus compatriotas.

Quem quiser compreender a incompetência estética do fundador da kafkologia deveria ler sua monografia sobre Janáček. Monografia entusiasta que, certamente, ajudou muito o mestre subestimado. Mas como é fraca, como é ingênua! Com palavras grandiosas, cosmo, amor, compaixão, humilhados e ofendidos, música divina, alma hipersensível, alma terna, alma de um sonhador, e sem a menor análise estrutural, sem fazer a menor tentativa para apreender a estética concreta da música de Janáček. Conhecendo a raiva da musicologia de Praga pelo compositor provinciano, Brod quis provar que Janáček fazia parte da tradição nacional e era perfeitamente digno do grande Smetana, ídolo da ideologia nacional tcheca. Ele se deixou confundir a tal ponto por essa polêmica tcheca, provinciana, limitada, que toda a música do mundo fugiu de seu livro e, de todos os compositores de todos os tempos, só ficou Smetana para nele ser mencionado.

Ah, Max, Max! É preciso nunca se arrojar no terreno do adversário! Lá você só encontrará uma multidão hostil, árbitros vendidos! Brod não tirou proveito de sua posição de não tcheco para deslocar Janáček para o grande contexto, o contexto cosmopolita da música europeia, o único em que ele poderia ser defendido e compreendido; encerrou-o mais uma vez dentro de seu horizonte nacional, cortou-o da música moderna e selou seu isolamento. As primeiras interpretações ficam coladas a uma obra, que nunca mais ficará livre delas. Da mesma forma que o pensamento de Brod ficará para sempre perceptível em toda a literatura sobre Kafka, Janáček padecerá para sempre da provincianização que lhe foi infligida por seus compatriotas e que Brod confirmou.

Enigmático Brod. Ele gostava de Janáček: nenhuma segunda intenção o guiava, só o espírito de justiça; gostava dele pelo essencial, por sua arte. Mas não compreendia essa arte.

Nunca chegarei ao fundo do mistério de Brod. E Kafka? O que pensava disso, ele próprio? Em seu diário de 1911, ele conta: um dia, os dois foram ver um pintor cubista, Willi Nowak, que acabara de concluir um ciclo de retratos de Brod, litografias; no estilo do Picasso que se conhece, o primeiro desenho era fiel, enquanto os outros, diz Kafka, afastavam-se cada vez mais do modelo até chegar a uma extrema abstração. Brod estava embaraçado; não gostava desses desenhos, com exceção do primeiro, realista, que em compensação lhe agradava muito porque, assinala Kafka com uma terna ironia, "além da semelhança com ele, tinha um efeito em torno da boca e dos olhos que lhe dava traços nobres e calmos...".

Brod compreendia o cubismo tão mal quanto compreendia Kafka e Janáček. Ao fazer tudo para libertá-los de seu isolamento social, reafirmou sua *solidão estética*. Pois sua dedicação a eles significava: até mesmo aquele que os amava, portanto o mais propenso a compreendê--los, era estranho à sua arte.

6

Fico sempre surpreso com o espanto que provoca a (pretensa) decisão de Kafka de destruir toda a sua obra.

Como se a priori uma tal decisão fosse absurda. Como se um autor não pudesse ter razões suficientes para levar consigo sua obra em sua última viagem.

Pode acontecer realmente que, no momento do balanço final, o autor constate que não ama seus livros, que não queira deixar atrás de si esse monumento lúgubre de sua derrota. Sei, sei, vocês vão objetar que ele se engana, que sucumbe a uma depressão doentia, mas as exortações de vocês não têm sentido. Aqui, é ele quem manda na sua obra, e não você, meu caro!

Outra razão plausível: o autor ama sempre sua obra mas não ama o mundo. Não pode suportar a ideia de deixá-la aqui à mercê do futuro que acha detestável.

E ainda uma outra situação: o autor ama sempre sua obra e nem mesmo se interessa pelo futuro do mundo; mas, tendo suas próprias experiências com o público, compreendeu a *vanitas vanitatum* da arte, a inevitável incompreensão que é seu destino, a incompreensão (não a subestimação, não estou falando dos vaidosos) que sofreu durante toda a sua vida e que não quer sofrer post mortem. (Aliás, talvez seja a brevidade da vida o que impede os artistas de compreenderem até o fim a insignificância de seu trabalho e de organizarem a tempo o esquecimento de sua obra e de si mesmos.)

Essas razões não seriam todas válidas? Claro que sim. No entanto, não eram as de Kafka: ele estava consciente do valor do que escrevia, não tinha uma repugnância declarada em relação ao mundo e, muito jovem e quase desconhecido, não tinha experiências más com o público, não tendo quase experiência nenhuma.

7

O testamento de Kafka: não testamento no sentido jurídico exato; na verdade, duas cartas particulares; nem mesmo cartas verdadeiras, pois nunca foram colocadas no correio. Brod, executor testamentário de Kafka, encontrou-as depois da morte do amigo, em 1924, numa gaveta com uma porção de outros papéis: uma, a tinta, dobrada, com o endereço de Brod, a outra, mais detalhada, escrita a lápis. Em seu "Posfácio à primeira edição de *O processo*", Brod explica:

> em 1921, disse ao meu amigo que tinha feito um testamento no qual pedia que ele destruísse certas coisas (*dieses und jenes vernichten*), que revisse outras etc. Nisso, Kafka, me mostrando um bilhete escrito a tinta encontrado mais tarde em sua escrivaninha, me disse: "Meu testamento será bem simples: peço-lhe que queime tudo". Lembro-me exatamente da resposta que dei: "[...] previno-lhe antecipadamente que não o farei".

Evocando essa lembrança, Brod justifica sua desobediência ao desejo testamentário do amigo; Kafka, continua ele, "conhecia a veneração fanática que eu tinha por todas as suas palavras"; sabia portanto muito bem que não seria obedecido e "deveria ter escolhido outro executor testamentário se suas próprias disposições tivessem sido seriamente definitivas e incondicionais". Mas é assim tão sério? Em seu próprio testamento, Brod pedia a Kafka "para destruir certas coisas"; por que então Kafka não acharia normal pedir o mesmo favor a Brod? E se Kafka sabia realmente que não seria obedecido, por que teria escrito ainda essa segunda carta a lápis, posterior à sua conversa de 1921, em que desdobra e precisa suas disposições? Mas continuando: não saberemos nunca o que esses dois jovens amigos disseram sobre esse assunto, que aliás não era para eles o mais urgente, visto que nenhum deles, e Kafka notadamente, podia se considerar então particularmente ameaçado pela imortalidade.

Muitas vezes se diz: se Kafka quisesse realmente destruir o que tinha escrito, ele próprio o teria feito. Mas como? Suas cartas estavam com os destinatários. (Ele próprio não guardou nenhuma carta que recebeu.) Quanto aos diários, é verdade, poderia tê-los queimado. Mas eram diários de trabalho (mais cadernos de anotações do que diários), eram úteis quando ele escrevia, e escreveu até os últimos dias de vida. Podemos dizer a mesma coisa de sua prosa inacabada. Só em caso de morte essas obras estariam irremediavelmente inacabadas; enquanto vivesse poderia sempre voltar a trabalhar nelas. Mesmo uma história que acha ruim não é inútil para um escritor, pode sempre servir de material para outra história. O escritor não tem razão para destruir o que escreveu a não ser quando está morrendo. Mas quando está morrendo, Kafka não está em casa, está no sanatório, e não pode destruir nada, pode apenas contar com a ajuda de um amigo. Não tendo muitos amigos, afinal tendo apenas um, conta com ele.

Dizemos também: querer destruir sua própria obra é um gesto patológico. Nesse caso, a desobediência à vontade do Kafka destruidor torna-se fidelidade ao outro Kafka, criador. Nisso tocamos na maior mentira da lenda que envolve seu testamento: Kafka não queria destruir sua obra. Expressa isso na segunda de suas cartas com total precisão:

De tudo que escrevi, são válidos (*gelten*) apenas os livros: *O veredicto, O foguista, A metamorfose, Na colônia penal, Um médico rural*, e um conto: "Um artista da fome". (Os poucos exemplares das *Meditações* podem ficar, não quero que ninguém se dê ao trabalho de destruí-los, mas não vale a pena tornar a imprimi-los.)

Portanto, não apenas Kafka não renega sua obra, mas faz um balanço dela, tentando separar o que deve ficar (aquilo que deve ser reimpresso) e aquilo que não corresponde às suas exigências; uma tristeza, uma severidade, mas nenhuma loucura, nenhuma cegueira de desespero em seu julgamento: acha válidos todos os seus livros que foram impressos, com exceção do primeiro, *Meditações*, considerando-o provavelmente imaturo (seria difícil contradizê-lo). Sua recusa não atinge automaticamente tudo aquilo que não estava publicado, já que inclui entre suas obras "válidas" o conto "Um artista da fome", que só existia em manuscrito na ocasião em que escreveu a carta. Mais tarde irá acrescentar três outros contos ("Primeira dor", "Uma mulher pequena" e "Josefina, a cantora") para fazer um livro; são as provas desse livro que irá corrigir no sanatório, em seu leito de morte: prova quase patética de que Kafka não tem nada a ver com a lenda do autor que queria destruir sua obra.

O desejo de destruir diz respeito portanto apenas a duas categorias de escritos, claramente delimitados:

— em primeiro lugar, com insistência especial, os escritos íntimos: cartas, diários;

— em segundo lugar, os contos e os romances em que não conseguiu, segundo seu julgamento, um bom resultado.

8

Olho para uma janela em frente. Quase de noite, uma luz se acende. Um homem entra na sala. Cabeça baixa, anda para lá e para cá; de vez em quando passa a mão no cabelo. Depois, de repente, percebe que a sala está acesa e que pode ser visto. Num gesto brusco, fecha a cortina. No entanto, não estava falsificando moeda; não tinha nada a esconder a não ser de si mesmo, seu modo de andar pela sala, o fato de estar malvestido, seu modo de passar a mão no cabelo. Seu bem-estar está condicionado à sua liberdade de não estar sendo visto.

O pudor é uma das noções-chave dos tempos modernos, época individualista, que hoje imperceptivelmente se afasta de nós; pudor: reação epidérmica para defender a própria vida particular, para exigir uma cortina na janela; para insistir que uma carta endereçada a A não seja lida por B. Uma das situações elementares da passagem para a vida adulta, um dos primeiros conflitos com os pais, é a reivindicação de uma gaveta para suas cartas e seus cadernos, a reivindicação de uma gaveta com chave; entra-se na idade adulta pela *revolta do pudor*.

A velha utopia revolucionária, fascista ou comunista: a vida sem segredos, em que vida pública e vida particular são uma só. O sonho surrealista caro a Breton: a casa de vidro, casa sem cortinas onde o homem vive sob o olhar de todos. Ah, a beleza da transparência! A única realização bem-sucedida desse sonho: uma sociedade totalmente controlada pela polícia.

Falo disso em *A insustentável leveza do ser*: Jan Procházka, grande personalidade da primavera de Praga, tornou-se, depois da invasão russa de 1968, um homem sob alta vigilância. Frequentava bastante, então, um outro grande opositor, o professor Václav Černý, com quem gostava de beber e conversar. Todas as conversas entre ambos eram secretamente gravadas, e desconfio que os dois amigos sabiam e não se importavam. Mas um dia, em 1970 ou 1971, querendo desacreditar Procházka, a polícia difundiu essas conversas no rádio como folhetim. Por parte da polícia, era um ato audacioso e sem precedentes. E, fato surpreendente: ela conseguiu; imediatamente, Procházka *ficou* desacreditado: pois, na intimidade, dizemos qualquer coisa, falamos mal dos amigos, dizemos palavrões, não somos sérios, contamos piadas de mau gosto, nos repetimos, divertimos nosso interlocutor chocando-o com barbaridades, temos ideias heréticas que não confessamos publicamente etc. Claro, todos nós agimos como Procházka, na intimidade caluniamos nossos amigos, dizemos palavrões; agir de forma diferente em particular e em público é a experiência mais evidente de todos nós, o fundamento sobre o qual repousa a vida do indivíduo; curiosamente, essa evidência permanece como que inconsciente, não confessada, ocultada sempre pelos sonhos líricos sobre a casa de vidro transparente, ela é raramente compreendida como o valor dos valores que deve ser defendido. Foi, portanto, apenas progressivamente (mas com uma raiva ainda maior) que as pessoas se deram conta de que o verdadeiro escândalo não eram as palavras ousadas de Procházka, mas a violação de sua vida; deram-se conta (como num choque) de que o particular e o público são dois mundos diferentes por essência e que o respeito a essa diferença é condição sine qua non para que um homem possa viver como um homem livre; que a cortina que separa esses dois mundos é intocável e que os arrancadores de cortinas são criminosos. E como os arrancadores de cortinas estavam a serviço de um regime odiado, foram unanimemente considerados criminosos particularmente desprezíveis.

Quando, vindo dessa Tchecoslováquia recheada de microfones, cheguei à França, vi na primeira página de uma revista uma grande foto de Jacques Brel, que escondia o rosto, perseguido pelos fotógrafos diante do hospital onde tratava seu câncer já avançado. E, de repente, tive a sensação de encontrar o mesmo mal que me fizera fugir do meu país: a radiodifusão das conversas de Procházka e a fotografia de um cantor moribundo que esconde o próprio rosto me pareciam pertencer ao mesmo mundo. Pensei então que a divulgação da intimidade do outro, *a partir do momento em que se torna hábito e regra*, nos faz entrar numa época em que a disputa maior é entre a sobrevivência ou o desaparecimento do indivíduo.

9

Quase não existem árvores na Islândia e as que existem encontram-se todas nos cemitérios; como se não houvesse mortos sem árvores, como se não houvesse árvores sem mortos. Não são plantadas ao lado do túmulo, como na idílica Europa Central, mas no meio, para que aquele que passa seja forçado a imaginar as raízes que, embaixo, atravessam os corpos. Passeio com Elvar D. no cemitério de Reykjavík; ele para em frente a um túmulo em que a árvore ainda está pequena; há menos de um ano, enterraram seu amigo; começa a lembrar-se dele em voz alta: sua vida particular era marcada por um segredo, de ordem sexual, provavelmente.

Como os segredos provocam uma curiosidade irritada, minha mulher, minhas filhas, as pessoas à minha volta insistiram para que eu contasse o segredo dele. A tal ponto que minhas relações com minha mulher, desde então, pioraram. Eu não podia perdoar sua curiosidade agressiva; ela não perdoava meu silêncio, prova para ela da pouca confiança que lhe dedicava.

Depois, sorriu, e: "Eu não traí nada", disse. "Pois não tinha nada a trair. Proibi-me de querer conhecer os segredos de meu amigo e não os conhecia." Escuto fascinado: desde minha infância, escuto dizer que o amigo é aquele com quem você divide seus segredos e que tem até o direito, em nome da amizade, de insistir em conhecê-los. Para meu islandês, a amizade é outra coisa: é ser um guardião diante da porta em que o amigo esconde sua vida particular; é ser aquele que jamais abrirá essa porta; e que não permitirá a ninguém abri-la.

10

Penso no fim de *O processo*: os dois homens estão inclinados sobre K., de quem cortam o pescoço:

> Com olhos que se apagavam, K. ainda viu os senhores perto de seu rosto, apoiados um no outro, as faces coladas, observando o momento da decisão.
> — Como um cão — disse K.
> Era como se a vergonha devesse sobreviver a ele.

O último substantivo de *O processo*: "vergonha". Sua última imagem: os rostos desconhecidos, muito perto de seu rosto, quase o tocando, observam o estado mais íntimo de K., sua agonia. No último substantivo, na última imagem, a situação fundamental de todo o romance está condensada: estar acessível, a qualquer momento, em seu quarto de dormir; deixar que comam seu café da manhã; ficar disponível, dia e noite, para atender às convocações; ver confiscadas as cortinas que cobrem suas janelas; não poder frequentar quem se quer; não se pertencer mais; perder o status de indivíduo. Essa *transformação de um homem de sujeito em objeto*, nós a sentimos como uma vergonha.

Não acho que, ao pedir a Brod que destruísse sua correspondência, Kafka temesse sua publicação. Tal ideia dificilmente passaria por sua cabeça. Os editores não se interessavam por seus romances, como poderiam se interessar por suas cartas? O que o levou a querer destruí-las foi a vergonha, a vergonha inteiramente elementar, não aquela do escritor mas a do simples indivíduo, a vergonha de deixar expostas coisas íntimas aos olhos dos outros, da família, dos desconhecidos, a vergonha de ser transformado em objeto, a vergonha capaz de "sobreviver a ele".

E, no entanto, Brod tornou públicas suas cartas; anteriormente, em seu próprio testamento, ele pedira a Kafka para "anular certas coisas"; ora, ele próprio publica tudo, sem discernimento; mesmo aquela longa e penosa carta achada numa gaveta, carta que Kafka nunca se decidira a mandar a seu pai e que, graças a Brod, qualquer um depois pôde ler, menos seu destinatário. A indiscrição de Brod não tem para mim nenhuma desculpa. Ele traiu seu amigo. Agiu contra sua vontade, contra o sentido e o espírito da sua vontade, contra sua natureza pudica, que ele conhecia.

II

Há uma diferença de essência entre, de um lado, o romance e, do outro, as memórias, a biografia, a autobiografia. O valor de uma biografia consiste na novidade e na exatidão dos fatos reais revelados. O valor de um romance, na revelação das possibilidades até então ocultas da existência em si; em outras palavras, o romance descobre o que está escondido em cada um de nós. Um dos elogios habituais dirigidos ao romance é dizer: eu me reconheço no personagem do livro; tenho a impressão de que o autor falou sobre mim e me conhece; ou em forma de ofensa: sinto-me atacado, despido, humilhado por esse romance. Nunca se deve caçoar desses tipos de julgamento, aparentemente ingênuos: são a prova de que o romance foi lido como romance.

É por isso que o *roman à clé* (que fala de pessoas reais com a intenção de que sejam reconhecidas sob nomes fictícios) é um falso romance, coisa esteticamente equívoca, moralmente imprópria. Kafka escondido sob o nome de Garta! Você critica o autor: Não é fiel! O autor: Não escrevi Memórias, Garta é um personagem imaginário! E você: Como personagem imaginário, ele é inverossímil, mal-acabado, descrito sem talento! O autor: Não é contudo um personagem como os outros, permitiu-me fazer revelações inéditas sobre meu amigo Kafka! Você: revelações inverídicas! O autor: Não escrevi Memórias, Garta é um personagem imaginário!... Etc.

É claro que todo romancista, bem ou mal, se baseia na própria vida; existem personagens inteiramente inventados, nascidos de seu puro devaneio, há os que são inspirados por um modelo, às vezes diretamente, com mais frequência indiretamente, há os que nascem de um único detalhe observado em alguém, e todos devem muito à introspecção do autor, ao seu conhecimento de si mesmo. O trabalho da imaginação transforma essas inspirações e observações a um ponto tal que o romancista as esquece. No entanto, antes de editar seu livro, ele deveria pensar em tornar impossíveis de encontrar as chaves que podem revelá-las; primeiro, por causa do mínimo de cuidado devido às pessoas que, surpresas, encontrarão fragmentos de suas vidas num romance, depois porque as chaves (verdadeiras ou falsas) que se colocam nas mãos do leitor só podem desnorteá-lo; em vez dos aspectos desconhecidos da existência, ele irá procurar num romance os aspectos desconhecidos da existência do autor; todo o sentido da arte do romance será desse modo anulado, como fez, por exemplo, aquele professor americano que, munido de um imenso molho de chaves mestras, escreveu a grande biografia de Hemingway: pela força de sua interpretação, transformou toda a obra de Hemingway num único *roman à clé*; como se a tivesse virado do avesso, como um casaco: de repente, os livros se encontram, invisíveis, do outro lado, e, no forro, observamos avidamente os acontecimentos (verdadeiros ou supostos) de sua vida, acontecimentos insignificantes, penosos, ridículos, banais, bobos, mesquinhos; assim, a obra se desfaz, os personagens imaginários transformam-se em pessoas da vida do autor e o biógrafo abre o processo moral contra o escritor: existe, num conto, um personagem de mãe malvada: é sua própria mãe que Hemingway calunia aqui; num outro conto há um pai cruel: é a vingança de Hemingway, em quem o pai deixou que fizessem, quando criança, uma operação sem anestesia para extrair as amígdalas; em *Um gato à chuva*, a personagem feminina anônima mostra-se insatisfeita "com seu marido egocêntrico e amorfo": é a mulher de Hemingway, Hadley, que se queixa; na personagem feminina de *Summer People*, é preciso ver a mulher de Dos Passos: Hemingway tentou em vão seduzi-la e, no conto, abusa dela de maneira baixa fazendo amor com ela sob os traços de um personagem; em *Do outro lado do rio, entre as árvores*, um desconhecido atravessa um bar, ele é muito feio: Hemingway descreve dessa maneira a feiura de Sinclair Lewis que, "profundamente ferido por essa descrição cruel, morreu três meses depois da publicação do romance". E por aí vai, por aí vai, de uma delação a outra.

Os romancistas sempre se defenderam desse *furor biográfico*, cujo representante-protótipo, segundo Marcel Proust, é Sainte-Beuve com sua máxima: "A literatura não é diferente, ou ao menos separável, do resto do homem...". Compreender uma obra exige portanto que se conheça antes o homem, quer dizer, explica Sainte-Beuve, que se conheça a resposta para certo número de perguntas, mesmo quando estas "pareçam estranhas à natureza de seus escritos: O que pensava ele da religião? Como era afetado pelo espetáculo da natureza? Como se comportava em relação às mulheres, em relação ao dinheiro? Era rico, pobre; qual era sua rotina, sua maneira diária de viver? Qual era seu vício ou seu fraco?". Esse método quase policial exige que o crítico, comenta Proust, "precise cercar-se de todas as informações possíveis sobre um escritor, conferir sua correspondência, interrogar os homens que o conheceram...".

Entretanto, cercado "de todas as informações possíveis", Sainte-Beuve conseguiu não reconhecer nenhum grande escritor de seu século, nem Balzac, nem Stendhal, nem Baudelaire; ao estudar suas vidas, deixou escapar sua obra, pois, diz Proust, "um livro é o produto de um *outro eu* diferente daquele que manifestamos em nossos hábitos, em sociedade, em nossos vícios"; "o eu do escritor mostra-se *apenas* em seus livros".

A polêmica de Proust contra Sainte-Beuve tem uma importância fundamental. Assinalemos: Proust não critica Sainte-Beuve pelo exagero; não denuncia os limites de seu método; seu julgamento é absoluto: esse método é cego ao *outro eu* do autor; cego à sua vontade estética; incompatível com a arte; dirigido contra a arte; *misomusa*.

12

A obra de Kafka é editada na França em quatro volumes. O segundo volume: relatos e fragmentos narrativos; isto é: tudo o que Kafka publicou em vida, mais tudo o que se encontrou em suas gavetas: relatos não publicados, inacabados, esboços, primeiras anotações, versões suprimidas ou abandonadas. Que ordem dar a tudo isso? O editor observa dois princípios: 1) toda a prosa narrativa, sem distinguir seu caráter, seu gênero, seu grau de acabamento, é colocada no mesmo plano; e 2) organizada em ordem cronológica, quer dizer, na ordem de seu nascimento.

É por isso que nenhuma das três coletâneas de contos que o próprio Kafka compôs e fez editar (*Meditações, O médico rural, Um artista da fome*) é apresentada aqui na forma que Kafka lhe deu; essas coletâneas simplesmente desapareceram; os textos em prosa que as constituíam estão dispersos em meio a outros (esboços, fragmentos etc.) de acordo com o princípio cronológico; oitocentas páginas da prosa de Kafka tornam-se desse modo uma enxurrada em que tudo se dissolve em tudo, uma enxurrada enorme como somente a água pode fazer, a água que corre e arrasta com ela bom e mau, acabado e não acabado, forte e fraco, esboço e obra.

Brod já havia proclamado a "veneração fanática" que dedicava a cada palavra de Kafka. Os editores da obra de Kafka manifestam a mesma *veneração absoluta* por tudo aquilo em que seu autor tocou. Mas é preciso compreender o mistério da veneração absoluta: esta é ao mesmo tempo, e fatalmente, a negação absoluta da vontade estética do autor. Pois a vontade estética se manifesta tanto por aquilo que o autor escreveu quanto pelo que suprimiu. Suprimir um parágrafo exige de sua parte ainda mais talento, cultura e força criadora do que escrevê-lo. Publicar o que o autor suprimiu é portanto o mesmo ato de violação que censurar o que ele decidiu manter.

O que é válido para as supressões no microcosmo de uma obra específica é válido para as supressões no macrocosmo de uma obra completa. Ali também, na hora da avaliação, o autor, orientado por suas exigências estéticas, muitas vezes deixa de lado aquilo que não o satisfaz. Assim, Claude Simon não permite mais a reimpressão de seus primeiros livros. Faulkner declarou explicitamente não querer deixar como rastro "nada além de livros impressos", em outras palavras, nada que os *catadores de lixo* iriam encontrar depois de sua morte. Ele pedia, portanto, o mesmo que Kafka e foi obedecido da mesma maneira que este: editou-se tudo o que foi possível desencavar. Compro a *Sinfonia nº 1* de Mahler sob a regência de Seiji Ozawa. Essa sinfonia em quatro movimentos antes tinha cinco, mas, depois da primeira execução, Mahler deixou de lado definitivamente o segundo movimento, que não se encontra em nenhuma partitura impressa. Ozawa reinseriu-o na sinfonia; desse modo, todos puderam compreender que Mahler estava muito lúcido ao suprimi-lo. Preciso continuar? A lista não tem fim.

A maneira como editaram na França a obra completa de Kafka não choca ninguém; ela responde ao espírito do tempo: "Kafka é lido por inteiro", explica o editor;

> entre os seus diferentes modos de expressão, nenhum pode reivindicar uma dignidade maior que os outros. Assim decidiu a posteridade que somos nós; é um julgamento que se constata e que é preciso aceitar. Vamos às vezes mais longe: não só nos recusamos a estabelecer qualquer hierarquia entre os gêneros como negamos que existam gêneros, afirmamos que Kafka fala sempre a mesma linguagem. Afinal, realiza-se com ele o caso, procurado por toda parte e sempre esperado, de uma coincidência perfeita entre o que foi vivido e a expressão literária.

"Coincidência perfeita entre o que foi vivido e a expressão literária." O que não passa de uma variante do slogan de Sainte-Beuve: "Literatura inseparável de seu autor". Slogan que lembra: "A unidade da vida e da obra". O que evoca a célebre fórmula falsamente atribuída a Goethe: "A vida como uma obra de arte". Essas locuções mágicas são ao mesmo tempo uma evidência ridícula (claro, o que o homem faz é inseparável dele próprio), antífrase (inseparável ou não, a criação supera a vida), clichê lírico (a unidade da vida e da obra "sempre procurada e esperada por toda a parte" apresenta-se como estado ideal, utopia, paraíso perdido enfim reencontrado, mas sobretudo revela o desejo de recusar à arte seu estatuto de autonomia, de fazê-la voltar para o lugar de onde surgiu, da vida do autor, de diluí-la nessa vida e de negar assim sua razão de ser; se uma vida pode ser obra de arte, para que servem as obras de arte?). Caçoa-se da ordem que Kafka decidiu dar à sucessão de contos em suas coletâneas, pois a única sucessão válida é aquela ditada pela própria vida. Não se dá importância ao Kafka artista que nos cria problemas com sua estética obscura, pois queremos Kafka como unidade daquilo que viveu e daquilo que escreveu, o Kafka que tinha um relacionamento difícil com o pai e não sabia como lidar com as mulheres. Hermann Broch protestou quando colocaram sua obra num *pequeno contexto* com Svevo e Hofmannsthal. Pobre Kafka, nem mesmo esse pequeno contexto lhe foi concedido. Quando se fala dele, não se lembram nem de Hofmannsthal, nem de Mann, nem de Musil, nem de Broch; deixam-lhe apenas um único contexto: Felice, o pai, Milena, Dora; ele é devolvido ao *miniminiminicontexto* de sua biografia, longe da história do romance, muito longe da arte.

13

Os tempos modernos fizeram do homem, do indivíduo, de um ego pensante, o fundamento de tudo. Dessa nova concepção do mundo resulta também a nova concepção da obra de arte. Esta se torna a expressão original de um indivíduo único. Na arte o individualismo dos tempos modernos se realizava, se confirmava, encontrava sua expressão, sua consagração, sua glória, seu monumento.

Se uma obra de arte é a emanação de um indivíduo e de sua unicidade, é lógico que este ser único, o autor, possua todos os direitos sobre aquilo que é a emanação exclusiva dele próprio. Após um longo processo que já dura há séculos, esses direitos tomam sua forma juridicamente definitiva durante a Revolução Francesa, que reconhece a propriedade literária como "a mais sagrada, a mais pessoal de todas as propriedades".

Lembro-me do tempo em que estava encantado com a música popular morávia: a beleza das fórmulas melódicas; a originalidade das metáforas. Como nasceram essas canções? Coletivamente? Não; essa arte teve seus criadores individuais, seus poetas e seus compositores de aldeia que, porém, quando sua criação soltou-se pelo mundo, não tiveram nenhuma possibilidade de segui-la e protegê-la contra as mudanças, as deformações, as eternas metamorfoses. Eu estava então muito próximo daqueles que viam nesse mundo sem propriedade artística uma espécie de paraíso; um paraíso em que a poesia foi feita por todos e para todos.

Evoco essa lembrança para dizer que o grande personagem dos tempos modernos, o autor, só emergiu lentamente durante os últimos séculos e que, na história da humanidade, a época dos direitos autorais é um momento fugidio, breve como um clarão de magnésio. No entanto, sem o prestígio do autor e de seus direitos, o grande impulso da arte europeia dos últimos séculos teria sido impensável, e com ele a maior glória da Europa. A maior glória ou talvez a única, pois, se é preciso relembrar, não foi graças aos seus generais nem aos seus estadistas que a Europa foi admirada, mesmo por aqueles a quem fez sofrer.

Antes que o direito autoral se tornasse lei, foi preciso que houvesse um certo estado de espírito disposto a respeitar o autor. Esse estado de espírito que se formou lentamente durante séculos parece-me que hoje está se desfazendo. Caso contrário, não poderíamos fazer o acompanhamento musical de uma propaganda para papel higiênico com os compassos de uma sinfonia de Brahms. Ou editar sob aplausos as versões abreviadas dos romances de Stendhal. Se o estado de espírito que respeita o autor ainda existisse, as pessoas se perguntariam: Brahms concordaria? Stendhal não ficaria zangado?

Tomo conhecimento da nova redação da lei de direitos autorais: os problemas dos escritores, dos compositores, dos pintores, dos poetas e dos romancistas ocupam nela um espaço ínfimo, a maior parte do texto sendo consagrada à grande indústria dita audiovisual. É incontestável, essa imensa indústria exige regras de jogo completamente novas. Pois a situação mudou: o que se persiste em chamar de arte é cada vez menos "a expressão de um indivíduo original e único". Como pode o cenógrafo de um filme que custou milhões fazer valer seus direitos morais (isto é, o direito de impedir que se toque naquilo que escreveu) quando, dessa criação, participa um batalhão de outras pessoas que se consideram também autores e cujos direitos morais se limitam reciprocamente; e como reivindicar o que quer que seja contra a vontade do produtor que, sem ser autor, é o único patrão verdadeiro do filme?

Sem que seus direitos sejam limitados, os autores das artes à moda antiga se encontram de repente num outro mundo em que o direito autoral está perdendo sua aura antiga. Nesse novo clima, aqueles que transgridem os direitos morais dos autores (os adaptadores de romances; os catadores de lixo tendo surrupiado as edições ditas críticas dos grandes autores; a publicidade dissolvendo o patrimônio milenar em suas salivas róseas; as revistas republicando tudo o que querem sem permissão; os produtores intervindo na obra dos cineastas; os diretores tratando os textos com uma tal liberdade que só um louco poderia ainda escrever para o teatro etc.) encontrarão, em caso de conflito, a indulgência da opinião pública, enquanto o autor que reclamar seus direitos morais correrá o risco de perder a simpatia do público e ficar com um apoio jurídico meio cerceado, pois nem mesmo os guardiões da lei ficam insensíveis ao espírito do tempo.

Penso em Stravínski. Em seu esforço gigantesco para preservar toda a sua obra com sua própria interpretação como um padrão indestrutível. Samuel Beckett se comportava de modo semelhante: fazia acompanhar o texto de suas peças de instruções cênicas cada vez mais detalhadas e insistia (ao contrário da tolerância habitual) que fossem estritamente observadas; assistia com frequência aos ensaios para poder aprovar a direção, e, algumas vezes, assumia a direção ele próprio; chegou a editar em livro as notas destinadas à sua montagem alemã de *Fim de partida* para que esta permanecesse imutável para sempre. Seu editor e amigo Jerome Lindon está vigilante, se necessário até por meio de um processo, para que a vontade do autor seja respeitada mesmo depois de sua morte.

Esse esforço máximo para dar a uma obra um aspecto definitivo, completamente acabado e controlado pelo autor, não tem similar na História. Como se Stravínski e Beckett não quisessem proteger sua obra somente contra a prática corrente das deformações, mas também contra um futuro cada vez menos disposto a respeitar um texto ou uma partitura; como se quisessem dar o exemplo, o exemplo final do que é a concepção suprema do autor, do autor que exige a realização *inteira* de suas vontades.

14

Kafka enviou o manuscrito de seu *A metamorfose* a uma revista cujo redator, Robert Musil, se prontificou a publicá-lo sob condição de que o autor o encurtasse. (Ah, tristes encontros de grandes escritores!) A reação de Kafka foi glacial e tão categórica quanto a de Stravínski em relação a Ansermet. Ele podia suportar a ideia de não ser publicado, mas a ideia de ser publicado e mutilado lhe era insuportável. Sua concepção de autor era tão absoluta quanto a de Stravínski e de Beckett, mas estes conseguiram mais ou menos impor a sua, e ele fracassou. Na história do direito autoral, esse fracasso foi uma reviravolta.

Quando Brod publicou, em 1925, em seu "Posfácio à primeira edição de *O processo*", as duas cartas conhecidas como sendo o testamento de Kafka, explicou que Kafka sabia perfeitamente que seus desejos não seriam atendidos. Admitamos que Brod tenha dito a verdade, que realmente essas duas cartas não fossem senão um simples gesto de humor e que, a respeito de uma eventual (muito pouco provável) publicação póstuma daquilo que Kafka tinha escrito, tudo ficara claro entre os dois amigos; nesse caso, Brod, executor testamentário, poderia assumir toda a responsabilidade de publicar aquilo que bem quisesse; nesse caso, não tinha nenhum dever moral de nos informar sobre a vontade de Kafka, que, segundo ele, não era válida ou estava superada.

Precipitou-se portanto em publicar essas cartas "testamentárias" e dar-lhes toda a repercussão possível; realmente, já estava criando a maior obra de sua vida, seu mito de Kafka, no qual uma das peças mestras era precisamente essa vontade, única em toda a História, a vontade de um autor que quer destruir toda a sua obra. E é assim que Kafka está gravado na memória do público. Segundo aquilo que Brod nos faz acreditar, sem nenhuma nuance, em seu romance mitógrafo, Garta-Kafka quer destruir *tudo* que escreveu; seria por causa de sua insatisfação artística? Ah, não, o Kafka de Brod é um pensador religioso; lembremo-nos: querendo não apenas proclamar, mas "viver sua fé", Garta não dava grande importância aos seus escritos, "pobres degraus que deveriam ajudá-lo a atingir as alturas". Nowy-Brod, seu amigo, recusa-se a lhe obedecer, pois, mesmo se o que Garta escreveu não fossem senão "simples ensaios", esses poderiam ajudar os "homens errantes na noite" em sua busca do "bem superior e insubstituível".

Com o "testamento" de Kafka, nasceu a grande lenda do santo Kafka-Garta, e com ela também uma pequena lenda de seu profeta Brod, que, com uma honestidade patética, torna pública a última vontade de seu amigo, confessando ao mesmo tempo por que, em nome dos mais altos princípios ("o bem superior e insubstituível"), decidiu-se a não lhe obedecer. O grande mitógrafo ganhou sua aposta. Seu ato foi elevado à condição de grande gesto digno de imitação. Pois quem poderia duvidar da fidelidade de Brod para com seu amigo? E quem ousaria duvidar do valor de cada frase, de cada palavra, de cada sílaba que Kafka deixou para a humanidade?

Assim Brod criou o exemplo a ser seguido da desobediência aos amigos mortos; uma jurisprudência para aqueles que querem passar por cima da última vontade de um autor ou divulgar seus mais íntimos segredos.

15

No que diz respeito aos contos e aos romances inacabados, concordo plenamente que eles deveriam colocar qualquer executor testamentário em situação bastante embaraçosa. Pois entre esses escritos de importância desigual encontram-se os três romances; e Kafka não escreveu nada mais importante. No entanto é normal que, pelo fato de serem inacabados, ele os tenha classificado na coluna dos fracassos; um autor dificilmente pode acreditar que o valor da obra que não terminou já seja perceptível, com toda nitidez, antes de terminada. Mas aquilo que um autor não tem possibilidade de ver pode aparecer claramente aos olhos de um terceiro. Sim, por causa desses três romances, que admiro infinitamente, eu teria ficado terrivelmente embaraçado se me encontrasse na situação de Brod.

Quem poderia me aconselhar?

Aquele que é nosso Mestre maior. Abrindo *Dom Quixote*, primeira parte, capítulos XII, XIII, XIV: Dom Quixote se encontra com Sancho nas montanhas, onde toma conhecimento da história de Crisóstomo, jovem poeta que se apaixonou por uma pastora. Para poder ficar perto dela, tornou-se pastor; mas ela não o ama e Crisóstomo põe fim aos seus dias. Dom Quixote decide ir assistir ao enterro. Ambrósio, amigo do poeta, conduz a pequena cerimônia. Ao lado do corpo coberto de flores, há cadernos e folhas de poemas. Ambrósio explica à assistência que Crisóstomo pediu que fossem queimados.

Nesse momento, o senhor Vivaldo, um curioso que se juntou aos enlutados, intervém: põe em dúvida se queimar sua poesia corresponde realmente à vontade do morto, pois a vontade deve ser razoável e essa não o é. Seria, portanto, melhor oferecer sua poesia aos outros, para que ela pudesse lhes proporcionar prazer, sabedoria, experiência. Não esperando a resposta de Ambrósio, inclina-se e apanha algumas das folhas que estão mais próximas dele. Ambrósio lhe diz: "Por cortesia, senhor, consentirei que fiqueis com os que já pegastes; mas pensar que deixarei de queimar os restantes é pensamento vão".*

"Por cortesia, senhor, consentirei": isso quer dizer que, mesmo que o desejo de um amigo morto tenha para mim força de lei, não sou um empregado das leis, eu as respeito como um ser livre que não está cego a outras razões opostas à lei, como a cortesia ou o amor à arte. E por isso "consentirei que fiqueis com os que já pegastes", esperando que meu amigo me perdoe. Não importa que, com essa exceção, tenha transgredido o seu desejo, que é lei para mim; eu o fiz sob minha própria responsabilidade, correndo meus próprios riscos, eu o fiz como *aquele que transgride uma lei*, não como alguém que a negue ou anule. É por isso que "pensar que deixarei de queimar os restantes é pensamento vão".

16

Um programa de televisão: três mulheres célebres e admiradas propõem coletivamente que as mulheres

---

* Tradução de Ernani Ssó. São Paulo: Penguin Classics Companhia das Letras, 2012. (N. E.)

também tenham o direito de ser enterradas no Panthéon. É preciso, dizem, pensar no significado simbólico desse ato. E mencionam imediatamente os nomes de algumas grandes damas mortas que, segundo elas, poderiam ser transferidas para ali.

Reivindicação justa, claro; no entanto, alguma coisa me perturba: essas senhoras mortas, que poderíamos transferir sem demora para o Panthéon, não estão descansando ao lado de seus maridos? Certamente; e elas quiseram assim. O que fazer então com os maridos? Transferi-los também? Dificilmente; não sendo suficientemente importantes, deveriam ficar onde estão, e as senhoras transferidas passariam sua eternidade numa solidão de viúvas.

Depois pensei: e os homens? É, os homens! Estariam por acaso no Panthéon por vontade própria? Foi depois de sua morte, sem pedir sua opinião e certamente contra sua última vontade, que se decidiu transformá-los em símbolos e separá-los de suas mulheres.

Depois da morte de Chopin, os patriotas poloneses retalharam seu cadáver para tirar-lhe o coração. Nacionalizaram esse pobre músculo e o enterraram na Polônia.

Trata-se um morto como um resto ou um símbolo. Em relação à sua individualidade desaparecida, comete-se a mesma falta de respeito.

17

Ah, é tão fácil desobedecer a um morto. Se, apesar disso, algumas vezes, nos submetemos à sua vontade, não é por medo, por obrigação, é porque o amamos e nos recusamos a acreditar que está morto. Se um velho camponês pediu ao seu filho para não cortar a velha pereira diante da janela, a pereira não será cortada enquanto o filho lembrar de seu pai com amor.

Isso não tem muita coisa a ver com a fé religiosa na vida eterna da alma. Simplesmente, um morto que amo nunca estará morto para mim. Não posso nem mesmo dizer: eu o amei; não, eu o amo. E, se me recuso a falar de meu amor por ele no tempo passado, isso quer dizer que aquele que está morto existe. É aí talvez que se encontra a dimensão religiosa do homem. Realmente, a obediência à última vontade é misteriosa: ela ultrapassa toda reflexão prática e racional: o velho camponês nunca saberá, em seu túmulo, se a pereira foi ou não cortada; no entanto, é impossível para o filho que o ama não obedecer à sua vontade.

Em outros tempos, fiquei comovido (ainda fico) com o fim do romance de Faulkner, *Palmeiras selvagens*. A mulher morre depois de um aborto malsucedido, o homem fica na prisão, condenado a dez anos; entregam-lhe em sua cela um comprimido branco, veneno; mas ele afasta depressa a ideia de suicídio, pois sua única maneira de prolongar a vida da mulher amada é guardá-la em sua lembrança.

"[...] quando ela deixou de ser então metade da memória deixou de ser e se eu deixar de ser, toda a lembrança deixará de existir. Sim — pensou —, entre a dor e o nada, escolherei a dor."*

Mais tarde, ao escrever *O livro do riso e do esquecimento*, mergulhei na personagem Tamina, que perdeu seu marido e tenta desesperadamente encontrar e reunir

---

* Tradução de Newton Goldman e Rodrigo Lacerda. São Paulo: Cosac Naify, 2003. (N. E.)

as lembranças dispersas para reconstruir um ser desaparecido, um passado encerrado; foi então que comecei a compreender que, numa lembrança, não se encontra a *presença* do morto; as lembranças são apenas a confirmação de sua ausência; nas lembranças, o morto não é senão um passado que empalidece, que se afasta, inacessível.

No entanto, se é impossível para mim considerar morto o ser que amo, como irá se manifestar sua presença?

Em sua vontade, que conheço e à qual continuarei fiel. Penso na velha pereira que continuará diante da janela enquanto o filho do camponês estiver vivo.

Sobre o autor

Milan Kundera nasceu na República Tcheca. Desde 1975, vive na França.

Obras de Milan Kundera publicadas pela Companhia das Letras

A arte do romance
A brincadeira
A cortina
Um encontro
A festa da insignificância
A identidade
A ignorância
A imortalidade
A insustentável leveza do ser
A lentidão
O livro do riso e do esquecimento
Risíveis amores
Os testamentos traídos
A valsa dos adeuses
A vida está em outro lugar

ESTA OBRA FOI COMPOSTA PELA SPRESS EM SABON E IMPRESSA EM OFSETE
PELA GEOGRÁFICA SOBRE PAPEL PÓLEN SOFT DA SUZANO PAPEL E CELULOSE
PARA A EDITORA SCHWARCZ EM JULHO DE 2017

A marca FSC® é a garantia de que a madeira utilizada na fabricação do papel deste livro provém de florestas que foram gerenciadas de maneira ambientalmente correta, socialmente justa e economicamente viável, além de outras fontes de origem controlada.